THOMAS
HERTLEIN

REINER WEIN

THOMAS
HERTLEIN

REINER
WEIN

EINGESCHENKT VOM
WEINHEILIGEN

DER
GUIDE
FÜR MEHR
SPASS IM
GLAS

riva

Bibliografische Information der Deutschen Nationalbibliothek
Die Deutsche Nationalbibliothek verzeichnet diese Publikation in der Deutschen Nationalbibliografie. Detaillierte bibliografische Daten sind im Internet über http://dnb.d-nb.de abrufbar.

Für Fragen und Anregungen:
info@rivaverlag.de

Originalausgabe
1. Auflage 2017

© 2017 by riva Verlag, ein Imprint der Münchner Verlagsgruppe GmbH,
Nymphenburger Straße 86
D-80636 München
Tel.: 089 651285-0
Fax: 089 652096

Lektorat: Ronit Jariv
Umschlaggestaltung: Isabella Dorsch
Umschlag- und Innenabbildungen: Florian Roser, www.florianroser.com
Innenlayout: Isabella Dorsch
Satz: Daniel Förster, Belgern
Druck: GGP Media GmbH, Pößneck
Printed in Germany

ISBN Print: 978-3-7423-0077-5
ISBN E-Book (PDF): 978-3-95971-485-3
ISBN E-Book (EPUB, Mobi) 978-3-95971-484-6

Weitere Informationen zum Verlag finden Sie unter

www.rivaverlag.de

Beachten Sie auch unsere weiteren Verlage unter www.m-vg.de

INHALT

Als lebende Weinkarte wurde **Thomas Hertlein** (44) in seinem Münchner Lokal »Die Blaue Donau« zur Legende. Mit seiner ansteckenden Leidenschaft und seinem konsequent eigenen Zugang zum Thema Wein gilt er als der Jamie Oliver der Weinszene. Für ihn ist ein schwereloser Riesling aus der Wachau wie Kate Moss, ein Champagner von Bollinger dagegen wie eine schwergewichtige Ballerina. »Und die braucht Platz wie in einem Schwimmbad, um sich wohlzufühlen, keine winzige Badewanne.« Weshalb er den Bollinger am liebsten im ganz großen Glas serviert. Ob uralter Bordeaux, eleganter Pinot Noir oder frischer Veltliner: Wer mit Thomas Hertlein trinkt, lernt Wein von einer ganz neuen Seite kennen. Und mehr Spaß macht das ganze Weinding mit ihm sowieso.

....

Für Frida Marie

In 20 Jahren trinken wir zusammen eine gute Flasche.
Ich freue mich drauf.
So wie auf die 20 Jahre dazwischen.

....

Wer guten Wein trinken will, braucht drei Dinge:

1. das Wissen, wie man Wein richtig behandelt

2. den Willen, einen eigenen Weingeschmack zu entwickeln

3. die Lust auf geilen Wein

Und von genau diesen drei Dingen handelt dieses Buch.

....

WARUM ICH WEIN TRINKE. MEINE WEINPHILOSOPHIE

....

In meinem Weinleben hatte ich zwei Erleuchtungen. Die erste kam mir, als ich gemeinsam mit meinem Lehrmeister im Hotel meinen ersten großen Bordeaux trank. Einen 82er Comtesse. Da habe ich das Weinding zum ersten Mal so richtig verstanden. Ich hatte endlich das gefunden, wonach wir alle im Leben suchen: den perfekten Moment. Den wollte ich fortan immer wieder haben. So fing ich an, große Weine zu trinken, und lernte dabei eine Menge über Wein, und noch mehr über mich selbst.

Die Beziehung zwischen dem Wein und mir war nicht immer einfach. Wie jedes Paar wurden wir in den mittlerweile 20 Jahren, die wir zusammen sind, auf einige harte Proben gestellt. Wir diskutierten, stritten, schmollten miteinander und standen manchmal sogar kurz vor der Trennung. Besonders schwierig war die Zeit, in der ich ständig mehr wollte. Noch einen 100-Punkte-Wein. Noch einen großen alten Bordeaux. Und noch einen Champagner. Ich war ständig auf der Suche nach dem noch besseren Wein. Ich wollte und brauchte den nächsten Kick. In dieser Zeit habe ich den Wein regelrecht gejagt. Und beinahe hätte ich ihn verjagt. Dabei war ich damals ganz oben. Der *Falstaff* hatte den Weinkeller der »Blauen Donau«, mein Lokal damals in München, mit 20 von 20 möglichen Punkten ausgezeichnet. Mehr ging nicht. Und dennoch fehlte mir etwas. Ich, der erfahrene Weinjäger, machte für meinen Geschmack nur noch viel zu selten Beute. Immer öfter war ich enttäuscht, wenn ein 100-Punkte-Wein nicht hielt, was ich mir von ihm versprochen hatte. Das Glücksgefühl, der perfekte Moment, nach dem ich suchte, stellte sich kaum mehr ein. Warum war das so? Statt den Wein zu genießen, analysierte und sezierte ich ihn nur noch. Es war wie bei einem Bild, das man so lange betrachtet, bis einem alles vor den Augen verschwimmt und man gar nichts mehr sieht. Ich habe damals gemerkt, dass ich mit meinem Verhalten drauf und dran war, mich und meine Leidenschaft für Wein kaputtzumachen. Wenn ich den Spaß am Wein nicht verlieren wollte, musste ich etwas ändern. Und genau das tat ich. Ich vollzog einen kompletten Reboot. Ich schloss die »Donau«, ging auf Reisen und stellte meine Beziehung zum Wein vom Kopf auf die Füße. In dieser Zeit hatte ich eine ganz bestimmte Frage ständig im Kopf: Warum trinke ich überhaupt Wein? Warum habe ich damals angefangen, Wein zu trinken? Obwohl ich ihn als junger Mann nicht leiden konnte.

»WARUM ICH WEIN TRINKE? WEIL ER MIR GUTTUT!«

1988 war ich ein biertrinkender Punk, der seine Kochausbildung im Hotel machte. Das war, als die Sache mit dem Wein in Deutschland eigentlich erst so richtig losging. Ich fand Wein damals schrecklich, weil ich die meisten Sommeliers und ihr Gehabe schrecklich fand. Ihr seid scheiße, also ist Wein auch scheiße, dachte ich mir. Was mich an den Sommeliers so störte? Dass sie den ganzen Tag über nichts anderes redeten als über Wein. Sie sprachen über Weinbewertungen und darüber, wie viele Punkte ein Wein bekommen hatte, über Lagen und Terroirs. Ich verstand nur Bahnhof. Und ich glaube, den meisten Gästen

> »WEIN IST FÜR MICH EINE GUTE ZEIT ZU HABEN. WAS GIBT ES BESSERES, ALS AN EINEM ABEND MIT FREUNDEN UND EINER GUTEN FLASCHE ZUSAMMENZUSITZEN?«

ging es genauso. Die ließen sich vom Sommelier eine Geschichte erzählen, die sie nicht kapierten, und tranken dann Wein, bei dem sie sich gar nicht mehr trauten zu sagen, dass er ihnen nicht schmeckte. Schließlich hatte der Sommelier ja gerade erzählt, wie toll dieser Wein jetzt sei. Für mich war das Verarsche (und ist es nach wie vor, denn in den meisten Lokalen, selbst in richtig guten, werden die Gäste noch immer so behandelt). Wein war für diese Sommeliers nur eine Show. Das, was Wein wirklich ausmacht, was ihn so besonders macht, das konnten diese Sommeliers nicht rüberbringen. Und so blieb Wein für mich ein Hassprodukt.

Doch dann kam der Moment, der alles änderte. Eines Tages saß ich in einer Pizzeria irgendwo in Bayern. Mit einer Frau. Die wollte ich beeindrucken. Also bestellte ich einen richtig teuren Wein, einen Brunello. Die klassische Angebernummer. Ich erinnere mich noch genau daran, denn während ich den Brunello trank, dachte ich zum ersten Mal:

Mmmh, eigentlich schmeckt der geil.

Ich war verliebt. Drei oder vier Jahre lang trank ich nichts anderes als Brunello. Ich war auf den Geschmack gekommen. Andere Rotweine kamen hinzu. Tignanellos, Amarones, Chiantis ... Später trank ich auch Weißweine und Champagner. Aber mit diesem einen Brunello fing alles an. Die Frau von damals gibt es schon längst nicht mehr, doch meine Leidenschaft für Wein ist geblieben.

Also, warum habe ich damals angefangen, Wein zu trinken?

Ich trinke Wein vor allem aus einem Grund: Weil er mir schmeckt.

Für mich bedeutet Wein Ruhe und Halt. Und jede Menge Spaß. Wein tut mir gut. Was gibt es Besseres, als sich nach einem richtig anstrengenden Tag abends eine gute Flasche aufzumachen? In so einem Moment wird Wein zur Wellness. Was gibt es Besseres als einen Abend, an dem man mit Freunden zusammensitzt, einen guten Wein trinkt und Gespräche führt über Gott, die Welt, Musik, Filme, gutes Essen, Frauen, Männer, Kinder, Politik oder was auch immer einem sonst noch in den Sinn kommt? Und der Wein ist stummer Begleiter und Katalysator dieses Miteinanders. Das ist Wein für mich: eine gute Zeit haben.

Ich finde es einfach toll, etwas Besonderes zu schmecken. Manchmal trinke ich einen Wein und plötzlich kommen in mir wieder Erinnerungen an meine Kindheit hoch. Durch einen ganz bestimmten Geruch oder ein Gefühl, das der Wein in mir auslöst. Wein drückt Knöpfe in meinem Kopf und in meiner Seele. Er tut Dinge mit mir, die ich nicht kontrollieren kann. Und die ich auch nicht kontrollieren will. Wer immer alles kontrollieren möchte, der sollte zu Hause in den eigenen vier Wänden bleiben. Ich mag es auch, wie der Wein sich ständig verändert. Ich trinke heute Weine, die hätte ich vor Jahren weggeschüttet. Aber so ist das nun mal im Leben: Man entwickelt sich vom Kind zum Erwachsenen und dann wird man älter und lernt erneut von der Kindheit. Man lernt wieder, neugierig zu sein, zu staunen ...

Seit ich mir diese Dinge wieder bewusst gemacht habe, bin ich mit dem Thema Wein wieder rundum versöhnt. Ich habe begriffen, dass es keinen Sinn macht, nach Weinen zu jagen, sondern dass ich den Wein zu mir kommen lassen muss. Der Wein und ich, wir haben seither Frieden geschlossen. Meine ganze Gier, meine Verbissenheit in Sachen Wein war endlich weg. Ein wenig fühlte es sich an, als ob ich aus einem Albtraum aufgewacht wäre. Als ich mich mit klarem Kopf umschaute, fiel mir auf, dass ich nicht der einzige Weinjäger gewesen war. Dass es anderen genauso ging wie mir. Ich sah Menschen, die im Wein krampfhaft nach etwas suchten, es aber nicht fanden. Und dann hatte ich meine zweite Weinerleuchtung: Wer Wein nicht mit der richtigen Einstellung trinkt, wird niemals Spaß daran haben.

DER PERFEKTE WEIN?
WIE MAN WEIN RICHTIG TRINKT

Ich selbst habe einige Zeit gebraucht, um zu begreifen, wie man Wein richtig trinkt. Ich weiß, dass sich das komisch anhört. Wie kann man denn Wein falsch trinken? Glauben Sie mir, es geht. Ich denke, dass sogar die meisten Menschen Wein falsch trinken. Weil sie den Wein falsch

> »ES GIBT BEIM WEIN KEINE REINE LEHRE. ENTWEDER ER SCHMECKT ODER ER SCHMECKT NICHT.«

behandeln oder weil sie die falschen Sachen trinken. Das Problem ist: Es gibt beim Wein keine reine Lehre. Entweder er schmeckt oder er schmeckt nicht. Wein funktioniert für jeden anders. Sie können und dürfen sich daher nicht darauf verlassen, was Ihnen neunmalkluge Sommeliers und ach so gescheite Weinbewerter erzählen. Sie müssen den besten Wein für sich finden. Und dabei kann ich Ihnen helfen. Ich weiß nicht, wie viel Weinerfahrung Sie mitbringen. Aber es gibt ein paar Dinge, die man meiner Meinung nach über Wein wissen sollte, bevor man ihn trinkt.

1. WEIN MUSS NICHT IMMER SCHMECKEN

Ich weiß, dass dieser Satz in einem Buch, das Lust auf Wein machen soll, vollkommen deplatziert wirkt. Aber ich will Ihnen lieber gleich reinen Wein einschenken und die ganze Wahrheit über Wein erzählen. Also: Wenn Sie Wein entspannt genießen wollen, müssen Sie sich von der Erwartung lösen, dass Wein immer schmeckt. Das kann er nicht.

Ich weiß nicht warum, aber Wein ist bei den meisten Leuten mit unglaublich hohen Erwartungen überfrachtet. Die Leute kaufen einen Wein, stellen ihn eine Woche lang in den Kühlschrank (was ihn übrigens ruiniert[1]), machen ihn dann am Wochenende auf und freuen sich, dass sie jetzt endlich was Feines zu trinken haben. Schließlich hat der Wein ja 20 Euro gekostet. Da muss der ja gut sein. Doch kaum ist der Wein im Glas, gibt es lange Gesichter. Zu sauer, zu dünn, zu trocken, zu süß ... Es gibt Hunderte von Gründen, warum ein Wein nicht schmeckt (wir werden später auf einige davon noch eingehen). Passiert das zwei, drei Mal, ist es bei einigen mit der Weinkarriere bereits vorbei.

»Wein? Nein, danke. Wein schmeckt mir nicht.«

Das ist ein bisschen so, als würde man drei Lieder von Dieter Bohlen hören und danach verkünden:

»Musik? Habe ich schon mal probiert. Nee, Musik finde ich scheiße.«

Ich verstehe diese Einstellung nicht. Warum glauben alle, dass Wein immer funktioniert? Dass er immer schmecken muss? Wenn ich mir ein Musikalbum kaufe, dann gefallen mir doch auch nicht alle Songs gleich gut? Und dennoch mag ich den Künstler weiterhin. Bei Filmen ist es genau dasselbe. Nur weil ich mal drei, vier schlechte Filme gesehen habe, höre ich doch nicht auf, ins Kino zu gehen. Wein muss nicht immer schmecken. Und das tut er auch nicht. Sie können nicht einmal bei einem Wein sicher sein, den Sie bereits getrunken und für gut befunden haben, denn Wein schmeckt niemals gleich.

2. WEIN SCHMECKT NIEMALS GLEICH

Ich bin sicher, dass jeder diese Situation schon einmal erlebt hat: Man ist im Urlaub, in Italien, Frankreich oder Spanien, verlebt eine schöne Zeit und eines Abends, da stolpert man in einer kleinen Pizzeria oder einem Bistro oder in einer Tapasbar über einen Wein, der so unglaublich lecker schmeckt, dass man ihn unbedingt noch mal trinken will. Also schwatzt man dem Wirt drei Flaschen ab und nimmt sie mit nach Hause. Doch irgendwie muss der Wein sich auf der Rückreise verwandelt haben. So gut wie im Lokal schmeckt keine der drei Flaschen. Kein Wunder, denn: Wein schmeckt niemals gleich. Nicht einmal derselbe Jahrgang von ein und demselben Winzer. Das ist wie beim Sex. Dieselben zwei Menschen, dasselbe Bett und dennoch ist es jedes Mal anders.

> **»WEIN IST WIE SEX. DIESELBEN ZWEI PERSONEN, DASSELBE BETT UND DENNOCH IST ES JEDES MAL ANDERS.«**

Wie ein Wein schmeckt, hängt von vielen Faktoren ab: von der eigenen Stimmung[2], von den Menschen, mit denen man den Wein trinkt, oder vom Ort, an dem getrunken wird. Ich zum Beispiel konnte lange nicht gut in Gesellschaft von Arschlöchern trinken. Da konnte der Wein noch so gut sein. Wenn ich gemerkt habe, dass die Leute um mich herum nicht zu schätzen wissen, was sie da gerade im Glas haben, bin ich regelrecht fuchsig geworden. Mittlerweile lasse ich mir von niemandem meinen Weinspaß verderben und fokussiere mich in schlechter Gesellschaft stattdessen noch mehr auf den Wein.

Womöglich trinkt man den klasse Urlaubswein zu Hause aber auch aus den falschen Gläsern und bringt sich dadurch um sein Weinglück. Auch die Weintemperatur kann eine Rolle spielen. Vielleicht ist der Wein aber auch schlichtweg beim Transport kaputtgegangen.

Dass Wein nicht immer gleich schmeckt, kann auch praktische Gründe haben. Selbst wenn man eine Sechser-Kiste kauft, kann man nicht sicher sein, dass alle Flaschen aus demselben Fass kommen. Und wenn man einmal einen guten Veltliner oder Chardonnay erwischt hat, dann heißt das nicht, dass alle anderen Veltliner und Chardonnays einem auch schmecken. Winzer ist nicht gleich Winzer und somit ist Veltliner nicht gleich Veltliner und Chardonnay nicht gleich Chardonnay. Kommt der Veltliner aus der Wachau, bringt er allein durch seine Herkunft eine ganz andere Qualität mit als einer aus dem Weinviertel. Wenn Sie einen Ihnen bekannten Wein aufmachen, sollten Sie daher niemals erwarten, dass sich das Erlebnis, dass Sie mit dem Wein bereits gehabt haben, wiederholen wird. Das ist wie wenn man vor Jahren mal nach Thailand gefahren ist, einen klasse Urlaub erlebt hat und dann fährt man fünf Jahre später weder hin und wundert sich, dass alles plötzlich ganz anders und gar nicht mehr sooo toll ist. Genauso ist das mit einem Wein. Weinerlebnisse lassen sich nicht wiederholen. Wenn man Glück hat, passiert es. Das ist aber die Ausnahme und nicht die Regel.

Ich habe sogar schon oft die Erfahrung gemacht, dass Weine sich während des Trinkens verändern. Dass ein Wein am Anfang ganz anders schmeckt als zum Ende der Flasche hin. Mal wurde der Wein mit der Zeit besser, mal brach er innerhalb von zwei Stunden komplett in der Flasche zusammen. Es gibt Weine aus Spanien, da müsste man die Flasche auf ex trinken, so schnell oxidieren die. Aber ich finde das spannend. Jede Flasche Wein ist ein Abenteuer. Es ist wie bei einem Fußballspiel: Sie wissen nie, wie es ausgeht. (Aber natürlich ist die Wahrscheinlichkeit auf einen Sieg höher, wenn der FC Bayern oder eben ein Haut-Brion mit von der Partie ist.)

3. LASSEN SIE SICH KEINEN WEIN AUFSCHWATZEN

Immer wieder lassen sich Menschen von der Meinung anderer beeinflussen. Ein Freund von mir kaufte sich mal eine teure Uhr, die ihm wahnsinnig gefiel. Zwei Tage nach dem Kauf zeigte er sie einem anderen Freund, der nur meinte: »Die Uhr ist scheiße.« Daraufhin brachte mein Freund die Uhr wieder zurück. Beim Wein ist es oft das Gleiche. Da sitzen alle beisammen, und wenn der Rädelsführer am Tisch sagt, der Wein sei schlecht, dann schmeckt er plötzlich allen anderen auch nicht. Umgekehrt funktioniert es genauso: Sagt der Chef, dass der Wein heute aber besonders toll sei, dann loben ihn alle anderen am Tisch auch. Aber das muss nicht stimmen. Zumindest nicht für Sie. Wenn Ihnen ein Wein nicht schmeckt, hat das Gründe. Geschmack lässt sich doch nicht befehlen. Vielleicht sind Sie einfach noch nicht so weit. Wenn alle einen Wein in den Himmel loben, Ihnen aber schmeckt er nicht, dann zwingen Sie sich nicht, sich dem Mehrheitsurteil anzuschließen.

4. VERTRAUEN SIE IHREM EIGENEN GESCHMACK

Kennen Sie den perfekten Wein? Ich habe lange gesucht, bis ich ihn gefunden habe. Der beste Wein der Welt ist der, der Ihnen

gut schmeckt. Das kann ein 300 Euro teurer Latour sein oder ein Grüner Veltliner für 10 Euro. Vielleicht ist

es auch ein schöner, runder Chianti. Oder ein Merlot mit seiner typischen Kräuternote, vielleicht noch leicht eingepinselt mit Holz. Oder es ist ein Mosel-Riesling, der, wenn er gut gemacht ist, wie ein perfektes Dressing daherkommt. Womöglich ist es aber auch ein kräftiger Champagner – oder doch eher ein heller, klassischer Pinot Noir?

Jeder Wein funktioniert bei jedem von uns anders. Das ist ganz normal. Wir hören doch auch nicht alle dieselbe Musik. Oder tragen dieselbe Kleidung. Geschmäcker sind verschieden.

Bei der Musik, in der Mode und auch beim Wein. Klar kann man den Geschmack schulen und man sollte sich auch immer eine gewisse Offenheit bewahren, aber wenn ein Wein nicht schmeckt, dann hat das manchmal handfeste Gründe. Freunde von mir haben zum Beispiel ein Kind, das nie gern Nudeln aß. Von klein auf. Gab es Nudeln, wurde das Kind richtig unglücklich. Als der Junge alt genug war, um zu sprechen, sagte er eines Tages: »Ah, heute gibt es wieder Kopfwehnudeln.« Es stellte sich heraus, dass er kein Gluten verträgt.

Wenn Ihnen ein Wein nicht schmeckt, wenn Sie sich mit

> »WEIN FUNKTIONIERT BEI JEDEM VON UNS ANDERS. WIR HÖREN DOCH AUCH NICHT ALLE DIE GLEICHE MUSIK!«

einem Wein nicht wohlfühlen, dann lassen Sie es. Warum soll man etwas trinken, das schwierig ist?[3] Bei mir ist es zum Beispiel der Riesling, mit dem ich nicht so gut klarkomme. Die starke Säure bekommt mir einfach nicht. Also lasse ich den Riesling lieber stehen oder trinke ihn restsüß. Oder ich greife gleich zu einem reifen Veltliner, der säureärmer ist. Wenn ich gegen Knoblauch allergisch bin und immer wieder einen Döner mit Knoblauch esse, dann muss ich mich hinterher doch nicht wundern, dass ich Bauchweh kriege. Das macht einfach keinen Sinn.

Ich kenne auch viele Leute, die vor dem Barrique beim Weißwein Angst haben. Beim Rotwein ist es ihnen wurscht, aber beim Weißwein gibt es Vorbehalte: »Vom Barrique kriege ich immer Kopfweh.« Und wissen Sie was? Diese Beobachtung stimmt sogar. Schuld ist das Histamin. Das ist ein sogenannter Katerstoff, der bei der Barriquelagerung entstehen kann. Kann, nicht muss! Wie verträglich ein im Barrique ausgebauter Weißwein ist, hängt von der Qualität des Winzers ab. Und um herauszufinden, was ein Winzer kann, hilft nur probieren, probieren, probieren.

5. TRINKEN SIE NICHT IMMER DASSELBE

Um einen eigenen Weingeschmack zu entwickeln, müssen Sie probieren, probieren, probieren. Aber was? Ich hatte das Glück, in meinem Leben ein paar richtig gute Weine zu trinken, die für andere wahrscheinlich unerschwinglich sind. Das waren Flaschen für 300 oder 400 Euro oder sogar noch mehr. Wer aber glaubt, dass man nur mit viel Geld Spaß mit Wein haben kann, irrt. Ich selbst bin diesen Weg gegangen. Bis ich gemerkt habe: Es gibt für günstigeres Geld Weine, die sogar besser sind als manche teureren. Das Preisschild am Wein sagt erst einmal nichts über die Qualität aus. Oft ist es sogar kontraproduktiv, preislich zu hoch einzusteigen.

Es gibt klassische Einsteigerweine wie etwa den Grünen Veltliner und schwierigere Weine wie den deutschen Riesling, dessen spitze Säure ein Gaumen erst mal abkönnen muss. Wer mit den falschen Weinen anfängt, läuft Gefahr, sich das Thema Wein zu verbauen. Andererseits sollten Sie einen Wein niemals abschreiben, nur weil er Ihnen einmal nicht geschmeckt hat. Leider machen das viele. Das ist wie in unserer Gesellschaft: Einmal abgestempelt, kümmert sich niemand mehr um einen. Ich mag diese Einstellung nicht. In der Gesellschaft nicht und auch nicht beim Wein. Es gibt Weine, die mir nicht geschmeckt haben und die ich dennoch bis zu zwölf Mal probiert habe.[4] Um zu sehen, ob der Wein mich verändert. Ob ich den Wein doch noch verstehe. Kennen Sie das? In der Jugend gibt es Musik, die Sie nicht ausstehen können. Und plötzlich, ein paar Jahre später, finden Sie die Musik gar nicht mal so schlecht. Hören Sie heute noch die gleiche Musik wie vor zehn oder zwanzig Jahren?

Früher habe ich zum Beispiel mit der Musik von Lou Reed nichts anfangen können. Heute liebe ich sie. Früher habe ich Syrah nicht leiden mögen. Heute finde ich Syrah, wenn er klassisch gemacht ist und nicht wie diese neuen Beerenmonster daherkommt, richtig gut. Wenn ich auf meine eigene »Weinkarriere« schaue, haben sich meine Trinkgewohnheiten mit der Zeit immer wieder geändert, weil ich mich selbst verändert und weiterentwickelt habe. Und weil meine Ansprüche an den Wein andere geworden sind. Ich habe erst spät zum Weißwein gefunden. Das ist normal. Der Rotwein ist schließlich wie ein Steak. Das funktioniert bei jedem. Hat man dann aber genügend Steaks gegessen, schätzt man plötzlich auch ein geiles Gulasch und eine

tagelang gekochte Bologne-
sesauce. Champagner zum
Beispiel waren mir lange zu
sauer. Heute lasse ich für einen guten Champagner da-

gegen jeden Rotwein stehen. Glauben Sie mir, mit jedem neuen
Wein, den Sie trinken, wird sich ihr Geschmack verändern und
entwickeln. Dieses »ich trinke nur Rotwein« oder »ich trinke nur
Weißwein« schränkt Sie nur ein und bringt Sie um jede Menge
Genuss.

6. TRINKEN SIE DURCHEINANDER!

Ich habe nichts dagegen, durcheinanderzutrinken. Bei den Dinnern, die ich mit meiner »Weinwerkstadt« veranstalte, kann es passieren, dass wir mal mit einem Rotwein anfangen, danach einen Weißwein trinken, dann einen Champagner, danach einen Süßwein und dann machen wir mit einem Rotwein weiter. Warum nicht? Rotwein zum Fleisch und Weißwein zum Fisch? Vergessen Sie's.

Beim Weintrinken gilt: Lust statt Regeln. Ich glaube, wer immer an derselben klassischen Trinkfolge (Schaumwein, Weißwein, Rotwein, Süßwein, Sprit)

> »ROT ZUM FLEISCH UND WEISS ZUM FISCH? VERGESSEN SIE'S. BEIM WEINTRINKEN GILT: LUST STATT REGELN.«

festhält, der entwickelt sich sensorisch kaum weiter. Bricht man dagegen mit der Reihenfolge, entwickelt man sich sensorisch ganz anders. Sie würden überrascht sein, wie gut ein reifer Veltliner zum Gulasch passt.[5] Ich persönlich mag auch Kontraste beim Trinken. Zum Dessert mag ich gar keinen Süßwein. Im Dessert ist doch schon genug Zucker drin. Süßwein trinke ich viel lieber zum Käse. Genau wie Champagner. Horchen Sie einfach mal in sich hinein, worauf Sie Lust haben. Und noch ein Tipp: Trinken Sie am Anfang vor allem reinsortig, also keine Cuvées. Das hilft, die Stilistik der Trauben besser zu verinnerlichen. Cuvées – es gibt wirklich schöne! – sind eher auf Gefälligkeit ausgelegt. Beim Entwickeln eines Weingeschmacks helfen sie Ihnen nicht so sehr.

7. SETZEN SIE IHRE NASE NICHT UNTER DRUCK

Eine typische Szene, die Sie vielleicht schon einmal erlebt haben: Alle am Tisch jubeln, wie erfrischend beim gerade verköstigten Wein doch die Kirschnote in der Nase sei. Und Sie? Sie sitzen da und riechen im Glas nichts weiter als ... Wein. Bitte verzweifeln Sie deswegen nicht, vor allem nicht, wenn Sie mit dem Weintrinken gerade erst angefangen haben. Das Thema Weinsensorik ist extrem kompliziert (im Kapitel über die Weinsprache werden wir darauf noch genauer eingehen). Manchmal bin ich selbst erstaunt, was Leute im Wein alles riechen und schmecken können. Lakritze, Butter, Tabak, Piniennadeln, Leder ... angeblich alles drin im Wein. Mag ja sein, aber nicht jeder hat eine so feine Nase oder einen so feinen Gaumen, dass er oder sie all diese Noten herausriechen und herausschmecken könnte. Isst jemand selten Passionsfrucht, wird ihm der Geschmack nicht so präsent sein, dass er ihn aus einem Muskateller herausschmeckt. Ich bin sicher, ohne dass ich es belegen könnte, dass die Dinge, die wir normalerweise so essen, auch unseren Weingeschmack maßgeblich beeinflussen. Hinzu kommt: Ich kenne Leute, die hatten nie groß mit Wein zu tun und riechen dir dennoch alles aus einem Wein raus. Ein bisschen Talent ist bei der Weinsensorik also schon dabei.

»MANCHMAL BIN ICH SELBST ERSTAUNT, WAS LEUTE IM WEIN ANGEBLICH ALLES RIECHEN.«

Ich habe aber auch oft erlebt, dass Sommeliers einfach ihr Sprüchlein aufsagten. Da musste eben – so hatte man es ja vor Jahren in der Schule gelernt – im Spätburgunder die Gewürznelke drin sein. Im Glas war von der aber keine Spur zu finden. Ein nicht so kundiger Gast sitzt dann vielleicht vor seinem Glas und riecht und riecht, aber er findet nix. Und denkt womöglich: Ich bin zu blöd für Wein. Quatsch. Die ganze Weinsensorik ist gar nicht so wichtig. Wichtig ist nur: Schmeckt Ihnen der Wein oder schmeckt er Ihnen nicht?

8. GESCHMACK KANN MAN NICHT KAUFEN

Es gab Zeiten, in denen ich kein so guter Sommelier war. Ich kannte mich zwar mit Weinen aus, aber zu wenig mit Menschen. Ich machte einen Wein auf, sah das Glühwürmchen und wollte, dass alle anderen es auch sehen. Aber so funktioniert Wein nicht. Diese Erfahrung machte ich, wenn ich Gästen, die sonst immer nur 20-Euro-Weine tranken, auch mal einen 60-Euro-Wein verkaufte. Da war ich dann zufrieden, aber die Gäste oft nicht. Zwar schmeckte der Wein ihnen, aber sie kamen trotzdem nicht wieder, weil sie den Geldwert des Weins nicht in ein Geschmackserlebnis umsetzen konnten (oder wollten). Klar schmeckte der Wein besser, aber ihnen war es das eben nicht wert. Das musste ich erst lernen.[6] Noch mal: Geschmack kann man nicht erzwingen. Es geht eben auch nicht darum, immer teurer zu trinken, sondern das zu trinken, was im Moment passt, was einem selbst schmeckt oder was einem guttut. Steigt man preislich zu hoch und geschmacklich zu extrem ein, kann man viele Menschen auch vergraulen. Wie oft habe ich von Gästen den Satz gehört: »Der Wein hat jetzt aber nicht nach 50 Euro geschmeckt.« Mit einem hohen Preis steigt auch die Erwartung an einen Wein.

Aber wie ich zuvor schon sagte: Erwartungen machen einen Wein kaputt. Und dann kaufen diese Gäste eben keinen 50-Euro-Wein mehr. Weil sie denken, dass der sowieso nichts taugt. Ich finde es schade, wenn das passiert. Denn ein bisschen will ich Sie ja schon dazu verführen, auch einmal richtig Geld für einen großen Wein in die Hand zu nehmen. Wenn Sie bereit dafür sind, kann das ein außergewöhnliches Erlebnis werden.

»WEIN IST FÜR JEDEN DA. ER IST KEIN ELITÄRES, SONDERN EIN DEMOKRATISCHES GETRÄNK.«

Einmal passierte es mir, dass Gäste im Lokal einen kleinen Latour bestellten. Im Gegensatz zum großen hat der kleine drei Türmchen auf dem Etikett. Es war an dem Abend voll und ich war in Eile. Ein Griff in den dunklen Weinschrank, ein kurzer Blick aufs Etikett. Türmchen gesehen, Flasche aufgemacht, Wein serviert. Nach fünf Minuten waren alle völlig aus dem Häuschen und meinten, ich müsse den unbedingt mal probieren, der sei ja so was von genial. Erst wollte ich nicht, aber dann kostete ich doch. Und tatsächlich, der Wein war so gut, dass ich dachte, ich muss nie wieder den großen Latour ausschenken, wenn schon der kleine so gut ist. Es dauerte dann noch weitere fünf Minuten, bis ich merkte, dass ich die falsche Flasche erwischt hatte – statt drei Türmchen (kleiner Latour) war nur ein Türmchen auf dem Etikett (großer Latour). Für mich als Wirt war das in dem Moment zwar blöd, weil ich eine gute Flasche zu einem viel zu günstigen Preis verkauft hatte. Aber ich war eigentlich gar nicht sauer. Viel bemerkenswerter fand ich, dass die Leute am Tisch den großen Wein erschmeckt hatten. Dass er etwas Besonderes für sie war. Und darüber habe ich mich gefreut.

Ich finde, Wein ist für jeden da. Auch die großen Weine. Wein ist kein elitäres, sondern ein demokratisches Getränk. Ich bin sogar der Meinung, dass jeder sich guten Wein leisten kann. Im Kapitel »Worauf man beim Weinkauf achten muss« werde ich auch versuchen zu erklären, wie das geht und wo Sie am meisten Wein für Ihr Geld bekommen. Mittlerweile würde ich übers Jahr lieber 30 normale Weine trinken, gut gemachte Veltliner, Chiantis, Blaufränkische oder Pinot Noirs, und dann vielleicht zwei bis drei richtig gute Flaschen Château Margaux oder Champagner, anstatt mir Woche für Woche nur 100-Euro-Weine reinzuhauen.

Oft genug habe ich mit den größten Arschlöchern großen Wein getrunken. Die können sich eben eine Petrus-Probe leisten. Die fahren mit dem Bentley vor, setzen sich hin, haben dann aber gar keinen Bezug zum Wein. Ich gönne jedem sein Geld und der Bentley ist ein tolles Auto, aber wenn einer mit Wein seine Zeit totschlägt, weil er nicht weiß, was er sonst damit anfangen soll, dann ist das schade und eine Verschwendung. Genauso wie das Rumspritzen mit Champagner. Da fehlt jegliche Demut. Vor dem Wein und vor der Arbeit der Winzer.

Geschmack muss sich entwickeln. Und das tut er auch. Das ist, wie wenn man in Deutschland die ganze Zeit zum Thailänder essen geht und es einem richtig gut schmeckt. Und dann fährt man nach Thailand in den Urlaub und isst zum ersten Mal thailändisch an irgendeiner Straßenküche. Da denkt man dann vielleicht: Aha, so kann das also auch sein. Ich hatte ja gar keine Ahnung.

Ein ganz ähnliches Erlebnis hatte ich einmal mit einem Freund, der regelmäßig und gern Wein trank. Schon richtig gute, aber eher einfache. Am liebsten hatte er Österreicher, Blaufränkischen. Dieser Freund spottete immer darüber, was ich denn mit meinen großen Weinen hätte. Mit dem zusammen habe ich dann mal einen Latour aufgemacht. Er probierte, war zunächst wenig beindruckt und meinte: »Okay, aber was ist daran jetzt so besonders?« Ich schob ihm seinen Blaufränkischen noch einmal hin. Er nahm einen Schluck davon. Und sagte dann: »Jetzt habe ich es verstanden.«

Ein anderes Mal trank ich mit zwei Freunden einen großen Bordeaux. Die konnten, solange noch Wein im Glas war, kaum sprechen. Bevor sie dann gingen, warnte ich beide, dass der nächste Wein, den sie trinken würden, grauslich sein werde. Eine Woche später kam von einem der beiden folgende SMS: »Du Arsch hast mir meinen Lieblingswein versaut.« Sein favorisierter Hauswein schmeckte ihm nicht mehr. Für dieses Problem gibt es nur eine Lösung: Machen Sie eine Weinpause. Alles andere hilft nicht.

Auch wenn es schwerfällt: Am besten wäre es, wenn man es schaffen würde, den Wein unabhängig vom Preis zu betrachten. Doch bevor Sie das können, ist es vollkommen in Ordnung, preislich dort zu bleiben, wo Sie sich wohlfühlen.

9. WEINE LASSEN SICH NICHT MITEINANDER VERGLEICHEN

Wir leben in einer Leistungsgesellschaft, in der sich alles und jeder ständig selbst optimiert, um besser »performen« zu können. Sogar der Wein wird ins Leistungskorsett gezwängt. Ob durch Robert Parker und seine 100 Punkte oder das Preisschild, das am Wein klebt. Wie oft habe ich es erlebt, dass Leute Weine nur wegen ihres Namens oder wegen des Preises bestellt haben. Schön laut, damit auch die Leute am Nebentisch hören, dass man heute mal einen Tignanello trinkt (Tignanello ist für mich einer der Angeberweine schlechthin).

Ich persönlich habe aufgehört, Weine miteinander zu vergleichen und zu sagen, dass dieser Wein besser ist als jener. Der beste

> **»DER EINE MAG KATE MOSS, DER ANDERE PAMELA ANDERSON. UND ICH? ICH FINDE BEIDE GEIL.«**

Wein ist der, der mir schmeckt. Und zu diesen Weinen muss man hinfinden. In der »Blauen Donau« habe ich den Leuten den Latour genauso auf den Tisch gestellt wie den Grünen Veltliner. Alles andere fände ich auch unfair. Der eine mag Kate Moss, der andere Pamela Anderson. Und ich? Ich finde beide geil. Und praktischerweise ist Wein nicht eifersüchtig. Sie dürfen so oft fremdgehen, wie sie wollen. Also schöpfen Sie aus dem Vollen und holen Sie sich mal einen feurigen Italiener und dann wieder einen feschen Franzosen an den Tisch.

Wenn ich sage, ein Wein ist nicht besser als der andere, dann gilt das Gleiche auch für Weintrinker. Ich habe es schon erlebt, dass Leute eingeschüchtert sind, wenn ich zu Gast bin. Sie denken: Der hat die ganz großen Sachen getrunken. Im Vergleich dazu schmecken meine Weine doch alle wie von Aldi. Abgesehen davon, dass der Champagner bei Aldi wirklich gut zu trinken ist, finde ich diese Haltung überflüssig. Die Leute versuchen dann immer, mich mit ihren teuersten Tropfen zu beeindrucken, aber oft sind es kleine Weine, die mich viel mehr begeistern, weil ich in ihnen etwas Neues, Überraschendes finde.

10. LASSEN SIE SICH NICHT VOM ERSTEN SCHLUCK BLENDEN

Früher habe ich akribisch nach perfekten Weinen gesucht. Heute weiß ich, das Genuss vor allem in der Kunst liegt, sich fallenzulassen. Ich kann es gar nicht oft genug sagen: Genuss lässt sich nicht erzwingen. Heute suche ich nicht mehr nach dem Wein, sondern lasse ihn zu mir kommen. Dazu gehört auch, dass ich mich nicht vom ersten Schluck blenden lasse. Viele Weine sind wie Katzen, die lassen sich nicht sofort streicheln. Man muss sich erst kennenlernen, ein wenig beschnuppern, und wenn man am

> **»WEINE SIND WIE KATZEN.
> DIE LASSEN SICH
> NICHT IMMER SOFORT
> STREICHELN.«**

wenigsten damit rechnet, sitzt die Katze plötzlich bei dir auf dem Schoß und ihr seid beste Freunde. Probieren Sie doch einmal Folgendes aus: Nehmen Sie von Ihrem Wein einen ersten Schluck. Denken Sie erst mal nichts und schieben Sie das Glas weg. Nach zehn Minuten nehmen Sie den zweiten Schluck. Sie werden sehen: Sie selbst und der Wein werden nicht mehr dieselben sein. Also Leute, entspannt euch. Und glaubt mir: Mit einem 10-Euro-Chardonnay kann man genauso viel Spaß haben wie mit einem großen Bordeaux. Vorausgesetzt man weiß, wie man die beiden richtig behandelt.

WARUM WIR EINE NEUE
WEINSPRACHE BRAUCHEN

Dieses Kapitel war für mich am schwersten zu schreiben, es ist aber mit eines der wichtigsten im ganzen Buch. Wer Wein verstehen will, muss verstehen, was darüber gesagt wird. Allerdings ist es gar nicht so leicht, sich über Wein so zu unterhalten, dass jeder mitkommt. Die Weinsprache ist etwas, das mich in den zwanzig Jahren, die ich mit Wein zu tun habe, stark beschäftigt hat.

Wie mache ich Wein verständlich? Meine Sommeliers, die ich als Jungkoch nicht leiden konnte, versteckten sich gern hinter ihren Herrschaftsvokabeln – von A wie Auslese bis Z wie zweite Gärung. Sie beschrieben, wie der Wein gemacht wird und was der Winzer alles Tolles mit den Trauben anstellt, aber was der Wein im besten Fall mit einem selbst oder mit dem Essen macht, wie man ihn trinken sollte, wie man einen Wein besser macht, wenn man ihn richtig behandelt, das verrieten sie nicht. Ich kann bis heute nicht sagen, ob sie es nicht gewusst haben, ob es ihnen egal war oder ob sie mit den für normale Menschen unverständlichen Vokabeln einfach nur ihre Macht demonstrieren wollten. So wie es ja auch Soziologen, Juristen, oder Finanzexperten gern machen. Wer bei denen mitreden will, muss erst Soziologisch, Jura-Deutsch oder Bänkisch lernen.

Muss man das beim Wein auch? Muss man wirklich eine ganz neue Sprache lernen, um sich vernünftig über Wein zu unterhalten? Ganz oft haben mir die Leute in der »Donau« einen Wein beschrieben, den sie gerne trinken würden:

Fruchtig soll er sein. Beerig soll er sein. Erdig soll er sein.

Was bedeuten diese Begriffe? Und soll der Wein beerig schmecken oder beerig riechen? Geruchs- und Geschmacksbild sind

> **»MEHR EMOTIONEN, WENIGER FAKTEN. WEIN LEBT. UND SO SOLLTEN WIR AUCH ÜBER IHN SPRECHEN.«**

beim Wein oft komplett verschieden. Ich habe dann einfach mal gemacht und ihnen einen – meiner Meinung nach – komplett anderen Wein gebracht. Das Ergebnis: »Der ist toll, genau den wollte ich.«

Ein anderes Beispiel: »Der Wein schmeckt trocken.« Der Begriff macht mich rasend. Noch immer frage ich mich, wie das bei einer Flüssigkeit gehen soll. Wein ist flüssig. Wie kann er da trocken schmecken? Wein ist nicht trocken. Er ist herb. Ehrlich, die gängige Weinsprache ist für mich nichts weiter als ein Bollwerk, das verhindert, dass normale Menschen Wein verstehen. Fruchtig, beerig, erdig, blumig, salzig, mineralisch – was bedeutet das alles wirklich? Versuchen wir doch mal, ein paar dieser Begriffe zu entschlüsseln.

ERDIG

Dieser Begriff hat mich eigentlich am längsten beschäftigt. Die Leute wollen ja immer »beerig« und »erdig« trinken. Mit den Beeren komme ich noch einigermaßen klar. Doch was ist »erdig«? Meinen die Leute einen frischen Acker im Winter? Oder lockere Blumenerde? Kennen Sie den Geruch, wenn man im Winter eine Jacke eine Nacht lang draußen auf den Balkon hängt und sie am Morgen reinholt? So wie der Stoff dann riecht, das ist für mich »erdig«. Weine aus dem Bordeaux riechen gerne mal so.

BLUMIG

Wie riechen eigentlich Blumen? Süß? In erster Linie nicht. Oder? Ich habe die Erfahrung gemacht, dass Leute, die gern blumige Weine trinken, kaum Süßes essen. Für mich fühlen sich blumige Weine kühler an. Das typische blumige Gefühl entsteht durch Gerüche wie nasser Stein, eine Schale mit tropischem Obst, Stachelbeeren, grüne Mangos und Papayas. Die besten blumigen Weine findet man in Südfrankreich oder auch beim Traminer, wenn er trocken ist. In Österreich geht so mancher Grüne Veltliner in eine blumige Richtung. Blumigkeit entsteht meiner Meinung nach vor allem in der Nase. Schmeckt man den Wein, schlägt die zuvor gerochene Blumigkeit in Obst um.

BEERIG

Beeren sind für mich im Kopf immer süß. Nur: Wenn Wein wie ein süßes Dessert schmecken soll, dann braucht man sich beim Kauf keine große Mühe zu geben. Oder entsteht das starke, häufig zitierte Geschmacksbild der Beeren doch eher durch den meist hohen Alkoholanteil im Wein? Wer einen Wein als »beerig« beschreibt, muss unterscheiden: Stachelbeeren und Johannisbeeren bringen eine viel stärkere Säure mit. So wie man sie bei einem Sauvignon Blanc findet. Bei dem Begriff Sauerkirsche muss ich immer an einen gut gemachten Syrah denken. Himbeeren oder Brombeeren agieren am Gaumen wiederum sanfter. Was genau ist also »beerig«?

TANNINE

Die Gerbstoffe im Wein sind mit dafür verantwortlich, dass alle Welt von »trockenen« Weinen spricht. Das typische pelzige Gefühl, das sie auf der Zunge hinterlassen, fühlt sich an, als hätte man auf ein Handtuch gebissen. Wer mal schmecken will, was Tannine eigentlich wirklich sind, dem empfehle ich, auf den Kern einer Weintraube zu beißen. In den Wein kommen die Tannine durch die Verarbeitung von Kernen, Schalen und Stielen der Traube. Lagert ein Wein im Holzfass, sinkt dank der Sauerstoffzufuhr der Tanninanteil im Wein und der Wein wird geschmeidiger. Je mehr Tannine ein Wein enthält, desto länger muss er lagern. Weißweine enthalten übrigens kaum Tannine. Und dennoch wird auch da ja immer von »trockenen« Weinen geredet. Wie gesagt: Es ist kompliziert.

FEINHERB

Ist das süß? Oder trocken? Oder ist das die Bezeichnung für metrosexuelle Weine? Ich glaube, früher nannte man die feinherben Weine einfach »süß«. Aber das verkauft sich nicht mehr. Weil alle immer nur noch »trocken« trinken wollen. Warum? Warum haben mittlerweile alle Leute Angst vor Süßem? Keine

Sorge, Leute, süßer Wein macht nicht fetter als »trockener«. Was ich auch nicht verstehe: Süße Weine finden alle schwierig. Und dann hauen sie in billigen Weißwein Aperol rein, damit der sich überhaupt trinken lässt.

SALZIG

Mir ist dieser Ausdruck erst in den letzten Jahren untergekommen. Aber seitdem höre ich ihn immer häufiger. Mit »salzig« versucht man, glaube ich, die Mineralik von Weinen enger zu fassen. Ganz ehrlich: So richtig habe ich Salz im Wein nur ein einziges Mal geschmeckt. Aber das empfindet vielleicht jeder anders. Ich denke, dass es ausreicht, einen Wein als mineralisch zu bezeichnen. Gemeint ist damit wohl am häufigsten das Gefühl, auf Kreide zu beißen oder an einem nassen Stein zu lutschen, wie man es als Kind getan hat.

ANIMALISCH

Ich verwende diesen Begriff oft, bin mir aber bewusst, dass er missverständlich ist. Spielt man damit auf die Ledernoten an, die manchmal im Wein stecken? Oder meint man mit »animalisch« den Geruch, der aus einem Raubtierkäfig kommt? Oder sind es die Noten, die ein lange getragener Turnschuh verströmt? Früher wurden oft fehlerhafte Weine als »animalisch« bezeichnet. Das Problem an dem Begriff ist, dass er verschiedene Aromen zusammenfasst. Der Grundton ist wie der Geruch eines nassen Pferdes, wenn es nach dem Laufen gebürstet wird und man den Schweiß noch wahrnimmt. Leder ist auch drin. Bleistift, aber auch Lakritz. Solche Weine sind meist komplett fruchtlos. Im Alter werden die krass, sind aber schwierig zu trinken. Ich mag das ja.

SCHWERER UND LEICHTER WEIN

Auch das sind zwei Begriffe, die in die Irre führen können. Eigentlich spielen die Begriffe auf den Alkoholgehalt des Weins an. Manche benutzen sie aber auch, um die Geschmacksintensität zu beschreiben. Ist ein Wein – meist Rotwein – sehr stoffig (körperreich), wird er oft als »schwer« bezeichnet. Ein Burgunder, dessen Geschmacksbild filigraner angelegt ist, geht dagegen als »leichter« Wein durch, obwohl er sich von dem anderen Roten vom Alkohol her vielleicht gar nicht unterscheidet.

BARRIQUE

Holz ist ein spannendes Thema beim Wein. Oft wird Holz mit einer Brotnote oder mit Brioche verwechselt. Beide Aromen stecken ja in manchen Weinen. Oder die Leute verwechseln Holz mit Kork. Die Diskussionen, ob ein Wein korkt, waren mir persönlich in der »Donau« irgendwann zu müßig. Die meisten Leute können gar keinen Kork schmecken. Stattdessen stören sie sich am Holz. Vor allem beim Weißwein spielt Holz eine größere Rolle. Beim Chardonnay mag ich es sehr gerne, weil es einfach zu ihm passt und der Wein nicht zum Pinocchio wird. Bei Veltliner oder Riesling bin ich nicht so begeistert davon. Das Holz nimmt dem Wein die vordergründige Säure, die gute Veltliner und Rieslinge meiner Meinung nach brauchen. Holz macht einen Wein cremiger, irgendwie sexy. Je länger ein Wein reift, desto milder wird das Holz. Es sei denn, der Kellermeister hat zu viel Käse auf die Pizza gelegt. Denn Holz ist nicht gleich Holz. Ami-Eiche aus Übersee pumpt ohne Ende Vanille in die Weine, während ein französisches Barrique einem Wein eben »nur« eine ordentliche Holznote verpasst. Das Ergebnis könnte unterschiedlicher nicht sein.

VANILLE

Vanille lieben die Leute. Ist ja auch ein angenehmer Geruch. Meist kommt er von amerikanischem Holz. Eine klare Vanillenote deutet immer auf Holzeinsatz hin, der erst einmal nicht verkehrt ist. Leider kommt das Geschmacksbild aber auch sehr oft von Holzspänen. Und Holzspäne im Wein mag ich gar nicht, weshalb ich auch mit der Vanille im Wein auf Kriegsfuß stehe. Werden Weine mit Vanille zugeballert, wirken sie wie parfümiert.

FRISCH

Ein Satz, den ich auch sehr oft gehört habe, lautet: »Der Wein schmeckt frisch.« Frischer Wein? Aha. Da frage ich mich immer sofort: Wie schmeckt eigentlich nicht frischer Wein? Ich glaube, die angesprochene Frische zielt auf die Säure im Wein ab. Vielleicht aber auch auf eine reine Mineralik? Ich tue mich wirklich schwer, all diese Begriffe richtig und vor allem verbindlich zu deuten. Und dabei haben wir uns noch gar nicht über adstringierende Weine, Filtrationen oder Kaltvergärung unterhalten ...

Wenn ich über Wein spreche, dann weniger von den Geschmacksnoten. In den Weinbeschreibungen, die Sie weiter hinten im Buch finden, versuche ich lieber, mit verständlichen Bildern oder Gefühlen zu arbeiten. Wenn man sagt, dass ein Wein genauso schmeckt, als würde man aus einem Gebirgsbach trinken, dann findet man da geschmacklich und emotional viel schneller hin, als wenn ich nur wieder die schnöde Mineralik in den Ring werfe. Besonders hilfreich sind auch immer Kindheitserinnerungen, da sie uns gerade beim Geschmack extrem prägen. Reife Himbeeren, die man als Kind gegessen hat, oder noch sonnenwarme Tomaten aus dem Garten – das sind Geschmacksbilder, in denen sich jeder wiederfindet, die jeder nachvollziehen kann. Wenn ich Wein trinke, dann passiert mit mir etwas, dann fühle ich etwas, dann kommen Bilder und Erinnerungen in mir hoch. Und das alles versuche ich mit meinen Weinbeschreibungen auch rüberzubringen. Ja, wir brauchen eine neue Weinsprache. Eine, die sich mehr aus Emotionen und weniger aus Fakten speist. Noch mal: Wein lebt. Und so sollten wir auch über ihn sprechen.

Und jetzt?
Jetzt reden wir endlich über Wein!

....

WARUM MAN WEIN LERNEN MUSS. MEINE WEIN-BASICS

....

Gute Weine ausschenken kann jeder. Ein gescheites Essen dazu zu kochen, das kriegen auch noch die meisten hin. Aber den Wein zum Essen richtig zu behandeln, dafür braucht es mehr. Die Lust am Experimentieren, die richtige Temperatur, die richtigen Gläser. Mit Fleisch zum Beispiel beschäftigen sich viele. Sie kaufen die beste Pfanne, wissen, dass die Pfanne richtig heiß sein muss und dass das 30 Tage trockengereifte Rib-Eye aus Argentinien (Kilopreis: 90 Euro oder so) von jeder Seite genau sechs Minuten braucht. Und beim Wein? Der wird in eine Karaffe geschüttet, eingegossen und dann? Kacke! Der schmeckt nicht.

Beim Wein denken alle immer: Da muss jetzt was passieren.

Und dann passiert nix.

Kein Wunder. Weil die Leute den Wein fasch behandeln. Sie denken: Ich habe doch einen Klimaschrank und das Riedel-Glas. Schön, aber das reicht noch nicht. Da fängt die ganze Sache ja erst an.[7] Wein muss man lernen. So wie man kochen lernt. Und so wie beim Kochen nicht immer alles klappt, geht auch beim Wein mal etwas schief. Mein Weinwissen entstand vor allem durch Learning by Doing. Manchmal weiß ich selbst gar nicht, warum man etwa einen Pinot Noir anders behandeln muss als einen Sangiovese. Ich habe zum Beispiel einen Freund, der immer sehr viel fragt und alles über Wein wissen will:

»Warum lässt du den Pinot Noir vor dem Trinken noch einmal runterkühlen?«

»Tut mir leid, das kann ich nicht sagen. Aber es gehört so.«

Und wenn wir dann den runtergekühlten Wein trinken, versteht er, wo ich mit dem Geschmack hinwollte.

Alles, was ich auf den folgenden Seiten über die richtige Lagerung von Wein, über Gläser, über Weinbewertungen, Weintrends, das Dekantieren oder Weintemperaturen schreibe, sind

»WEIN MUSS MAN LERNEN. GENAU WIE KOCHEN.«

keine Anleitungen. Noch mal: Es gibt beim Wein keine reine Lehre. Alles, was ich Ihnen aufzeige, sind Möglichkeiten. Champagner + 8 Grad Trinktemperatur = der perfekte Genuss? Weg damit! Solche Faustregeln behindern das Genießen mehr, als dass sie es auf den Weg bringen.

Ich möchte Ihnen lediglich vermitteln, wie Sie Wein besser behandeln, wie Sie mit den Gläsern, der Temperatur oder der

Lagerung einfach mehr aus Ihren Weinen rausholen können. Ich habe so oft erlebt, dass sich Leute gewundert haben, warum Wein bei mir so gut schmeckt. Ganz einfach: Ich kann zwar das Produkt in einer Flasche nicht besser machen, als es ist, aber ich weiß, wie ich es behandeln muss, damit es sich im Glas in seiner ganzen Pracht entfaltet.

Wein ist keine Mathematik. Wein lebt. Und so will er auch behandelt werden. Ich habe daher nicht vor, die meist starren Temperatur- oder Glasregeln, die in Tausenden von Weinbüchern immer wieder runtergebetet werden, durch andere in Stein gemeißelte Weingesetze zu ersetzen. Ich möchte Sie stattdessen animieren, auch beim Wein nicht immer auf den ausgetretenen Pfaden zu latschen, sondern gelegentlich mal links und rechts abzubiegen. Hören Sie ab und an auf Ihr Bauchgefühl. Und machen Sie es nicht zu kompliziert. Klar ist es hilfreich, den einen oder anderen Euro in Weinequipment zu investieren. In einem Weinklimaschrank liegen Weine schon prima. Es gibt aber auch immer Alternativen, die Sie weder Geld noch Aufwand kosten. Ich werde Ihnen außerdem verraten, warum Weinbewertungen und das Wissen um vermeintlich große Jahrgänge beim Weinkauf nicht immer eine Hilfe sind. Und hat man dann endlich einen guten Wein erwischt, ist man noch lange nicht aus dem Schneider. Man muss den Wein auf Temperatur bringen, das richtige Glas für ihn erwischen. Eventuell auch das richtige Essen. Man muss den Wein richtig öffnen. Womöglich sogar dekantieren. Klingt kompliziert, ist es aber nicht. Versprochen: Nach den folgenden 50 Seiten werden Sie Wein mit ganz anderen Augen sehen.

WORAUF MAN BEIM WEINKAUF ACHTEN MUSS

- Wie teuer ist guter Wein?
- Wo kauft man am besten Wein?
- Wo kauft man am besten großen Wein?
- Wo kann man sich vor dem Kauf über Wein informieren?

»Der Wein schmeckt aber nicht nach 30 Euro.« Hätte ich jedes Mal einen Euro bekommen, wenn dieser Satz in meiner Gegenwart fiel, hätte ich mir davon eine richtig schöne Flasche kaufen können. Fakt ist: Man kann auch richtig viel Geld für schlechten Wein ausgeben. Es gibt Lagen, in denen das Preis-Leistungs-Verhältnis überhaupt nicht stimmt. Für einen Chablis oder einen Sancerre zum Beispiel zahlen Sie immer den Namen und die Nachfrage mit. Andererseits gibt es großartige Weine, die zu Recht 50, 100 oder mehr Euro kosten. Manchmal ist aber auch der Wein an sich daran schuld, dass er so teuer ist. Der Sauvignon Blanc ist zum Beispiel eine Traube, die einem Winzer alles abverlangt. Die Mehrarbeit schlägt sich natürlich im Preis nieder. Wer bei so einer Traube versucht, günstig zu kaufen, tut sich selbst keinen Gefallen. Günstig und gut geht bei so einem Wein einfach nicht. Bei einem Grauburgunder dagegen schon.

WO TRINKE ICH GRUNDSÄTZLICH TEUER?	WO TRINKE ICH MEHRHEITLICH FAIR?
Burgund	Wachau (Veltliner)
Mosel	Pfalz
Bordeaux (wird aber wieder besser)	Chianti
	Lagrein

»ALLES AB 30 EURO IST LIEBHABEREI. MUSS MAN NICHT MACHEN. KICKT ABER.«

Was jedem klar sein muss: Wer einen Wein für 3 Euro kauft, bekommt keine Qualität. Schon gar nicht aus Deutschland. Allein was da die Löhne, die Flasche und der Korken kosten. Ich selbst wollte auch mal einen Garagenwein in Südafrika machen. Ich hätte die nötigen Trauben bekommen, die Barriques hatte ich auch schon. Doch bis der Wein in Deutschland gewesen wäre, hätte er mich im EK bereits 20 Euro gekostet. Das Risiko, alle Flaschen zu einem Preis über 20 Euro losschlagen zu müssen, wollte ich nicht eingehen.

Bei Weißwein fängt der Spaß bei 6 bis 10 Euro an. Dafür kriegt man eine gute mittlere Qualität. Bei Rotweinen sollte man mindestens 10 Euro anlegen, um an einen vernünftigen Wein zu kommen. Doch genau ab 10 Euro landen wir auch in der schwierigsten Preiskategorie für Wein, die es gibt. Die Preiskategorie zwischen 10 und 30 Euro ist ein Minenfeld. Da liegt man oft daneben und dann reut es einen. In dieser Kategorie habe ich die von der Preis-Leistung her schlechtesten Weine getrunken. Neulich zum Beispiel einen Aglianco, Basilisco hieß er. Das war grundsätzlich ein guter Wein, der immerhin auch 30 Euro kostete. Und dann hatte der einen dieser Pinnwandkorken drin. Bei einem 30-Euro-Wein ist das für mich ein No-Go. Da stimmt einfach etwas nicht.

Alle Weine ab 30 Euro sind Liebhaberei. Und hier stellt sich die Frage aller Fragen: Ist ein Wein für mehrere Hundert Euro eigentlich wirklich so gut? Das wollen die Leute immer von mir wissen. Und meine Antwort lautet immer:

Ich denke schon.

In den letzten 20 Jahren habe ich einen Großteil meines Geldes für Wein ausgegeben. Meine Hobbys sind leider meist alle nicht so günstig, weil ich ein Fan von Vintage-Sachen und von Qualität bin. Qualität ist für mich in allem, was ich tue, das ausschlaggebende Kriterium.

Ich habe die ganzen Weinbücher rauf und runter gelesen und auch viel gelernt dabei. Aber darum geht es nicht vorrangig. Es geht vielmehr um die Gefühle und Erlebnisse, die man beim Weintrinken haben kann. Und da haben sich ein paar große Weine schon in mein Gedächtnis gebrannt. Nach dem Trinken eines 86er Mouton Rothschild wusste ich zum Beispiel, dass der Wein locker noch 50 Jahre halten würde. Eine Erfahrung, die ich sonst ganz selten gemacht habe. Ein anderes Mal blieb von einer Bordeaux-Probe noch ein Schluckerl übrig. Ich stellte das Glas einem Freund hin, der gerne Wein trinkt und auch viel Geld dafür ausgibt, verriet ihm aber nicht, um was für einen

Wein es sich handelte. Das mache ich gerne, den Leuten einfach ein Glas hinstellen und sie trinken lassen. Der Freund probierte den Schluck und war hin und weg. »Was ist denn das? Kann ich davon noch mehr haben?« Als ich ihm sagte, was er da gerade getrunken hatte und was der Wein kostet, musste er erst mal schlucken. Es war eben ein 86er von Rothschild, der mittlerweile fast 1000 Euro kostet. Das fühlt sich an, wie wenn du das erste Mal Heroin kriegst.

Es gibt Weine, an die ich mich auch Jahrzehnte später immer noch erinnern kann. An den 90er Château Margaux zum Beispiel. Den habe ich mal vor mehr als 15 Jahren zusammen mit meinem Cape Wine Master, der damals im Hotel mein Lehrmeister war, mittags getrunken. Das war, als würde man einem Kind am ersten Dezember seinen Adventskalender geben und ihm sagen, dass es alle 24 Türchen auf einmal aufmachen darf. Ein geiles Gefühl. Ich kann jedem nur empfehlen, sich auch mal an die großen Weine ranzutrauen. Wenn Sie es allein nicht schaffen, legen Sie doch mit drei Freunden zusammen. Wenn jeder 100 oder 200 Euro in den Pott legt, kommt schon eine richtig schöne Flasche auf den Tisch.

Wer immer nur bei einem Weinhändler vor Ort kauft, trinkt irgendwann immer dasselbe. Die meisten Weingeschäfte haben nun mal aufgrund ihrer Größe ein sehr begrenztes Angebot. Meist sind sie auch spezialisiert. Ich kenne ausgezeichnete Weinhändler, bei denen man tolle Italiener kaufen kann. Will ich einen Österreicher, muss ich jedoch in ein anderes Geschäft gehen. Online greift man dagegen auf eine viel größere Weinauswahl zu. Meine Empfehlung für große Weine ist der Versandhändler Weinart (www.weinart.de). Weinart ist auf große Bordeauxweine und Burgunder spezialisiert, die entsprechend hochpreisig sind. Der Shop hat aber auch ein großes und spannendes internationales Sortiment und es finden sich auch einige gute Flaschen für 10 bis 30 Euro im Angebot. Gerade bei einem großen Wein ist es mir wichtig zu wissen, wo ich den Wein kaufe. Bei einem 100- oder 200-Euro-Wein möchte ich relativ sicher sein, dass der Wein zuvor ordentlich behandelt und gelagert wurde. Bei Weinen aus privater Hand, die zahlreich im Netz angeboten werden, geht das nicht. Ich bin daher kein Fan von solchen Angeboten, selbst wenn sie oft viel günstiger sind als bei einem Fachhändler. Spart man bei einem 200-Euro-Wein beim Kauf aus privater Hand vielleicht 50 Euro im Vergleich zum Fachhändler, aber die Flasche taugt nichts, weil der Wein zu lange im Licht stand oder zu oft bewegt wurde, hat man am Ende gar nichts gespart, sondern 150 Euro in den Sand gesetzt.

Bevor ich einen Wein kaufe, lese ich gern etwas darüber und schaue, wie andere den Wein einschätzten. Foren wie Cellartracker (www.cellartracker.com) oder Vinopedia (www.vinopedia.com) bieten jedem eine tolle Möglichkeit, sich über Weine zu informieren. Beide Seiten sind vorwiegend auf Englisch. Über den Teodosio, den kleinen Bruder des von mir bereits erwähnten Aglianico Basilisco, steht bei Cellartracker zum Beispiel Folgendes:

»Ein ungewöhnlicher Wein. Mit der intensivsten Teernote, die ich jemals in einem Wein bemerkt habe. In der ersten Stunde hätte ich schwören können, dass die Straße vor meinem Haus neu gepflastert wird. Später hat sich die Teernote Richtung Räucherspeck bewegt. Am Gaumen zeigt der Wein dunkle Schokolade, in Rum eingelegte Kirschen und vielleicht etwas Sauerkirsche. Mittlerer Körper und mittlere Säure. Es gibt genügend kräftige Aromen und Säure. Der Wein funktioniert besser mit Essen. Ihn allein zu trinken, ist wie seinen Kopf in ein Fass Teer zu stecken.«

Ein anderer Autor findet: »Auch der Barolo Süditaliens genannt, ist dieser Wein eine einzige Delikatesse, aus kleinen roten Früchten, Brombeere und mit einer schönen Mineralität. Im Mund eine Handvoll trockener Tannine, dürfte diese Flasche jedem Weinliebhaber gefallen, der Finesse und moderaten Alkohol (nur 13,5 %) sucht.«

Damit kann man doch schon mal etwas anfangen. Ich liebe solche zum Teil widersprüchlichen Bewertungen. 88 und 90 Punkte ist der Wein den Rezensenten immerhin wert. Das Bewertungssystem orientiert sich an dem vom Robert Parker. Die Rezensionen bei Cellartracker stammen teils von Privatpersonen, teils von Profis, das muss man beim Lesen immer bedenken. Doch da der Teodosio im Gegensatz zum Basilisco schon für ca. 15 Euro zu haben ist, scheint er – Pinnwandkorken hin oder her – eine gute Wahl zu sein. Ich habe ihn dann auch ausprobiert und fand den »kleinen« Wein vom Preis-Leistungs-Verhältnis tatsächlich stärker als den großen.

Das Internet ist wirklich eine ausgezeichnete Möglichkeit, Weininfos zu sammeln. Die Seite Vinopedia verlinkt zudem auf Shops in zahlreichen Ländern, sodass man bei einem Wein, der einem gefällt, auch gleich die Preise vergleichen und zuschlagen kann.

Die besten Wein-Infos im Netz:

- www.cellartracker.com (Englisch)
- www.vinopedia.com (Englisch)
- www.wine-searcher.com (Englisch)
- www.wineterminator.com (Deutsch)
- www.captaincork.com (Deutsch)

FLUCH UND SEGEN DER WEINBEWERTUNGEN

Weinbewertungen sind Fluch und Segen zugleich. Der Vorteil der meist plakativen Weinbewertungen liegt auf der Hand. 100 Punkte von Robert Parker, drei Gläser im Gambero Rosso ... Also, wenn der Wein nicht schmeckt, welcher dann? Und meist verbergen sich hinter den hochgelobten Weinen ja auch tatsächlich nicht gerade die schlechtesten Tropfen. Weinbewertungen versprechen dem Kunden einen schnellen und unkomplizierten Weg zum guten Wein. Was für ein Segen. Der Fluch der guten Tat schlägt sich jedoch unmittelbar im Preis nieder. 98 oder 99 PP – also Parker-Punkte – können den Preis eines Weins locker verdoppeln. 100 Parker-Punkte lassen ihn gar in astronomische Höhen schnellen. Kein anderer Weinkritiker hat einen derart großen Einfluss auf Weinpreise wie Robert Parker. Das Geniale an Parker ist die Verständlichkeit seiner Skala. Was wahrscheinlich niemand weiß: Die Parker-Skala beginnt bei 50 Punkten! Was jedoch jeder weiß, selbst Menschen, die sich bisher kaum mit Wein beschäftigt haben: Ab 90 Punkten bekommt man gute Parker-Weine.

Eine Zeit lang habe ich auch Jagd auf die 100-Punkte-Weine von Robert Parker gemacht. Bis ich gemerkt habe, dass ich fast nur noch gut gemachte Marmeladen trinke. Vergleicht man die Bewertungen der führenden Weinkritiker, stellt man fest, dass jeder von ihnen einfach andere Weine mag. Bei Robert Parker, der seit 1975 als sogenannter Wine Advocate wirkt, sind es alkoholreiche, fruchtige Weine mit vielen Tanninen. Manche nennen das auch Coca-Cola-Weingeschmack. Schwer, süß, klebrig. Eben dicke Marmeladen. Der Schweizer Kritiker René Gabriel – ich kenne ihn persönlich – steht dagegen eher auf die eleganten, zurückhaltenden Bordeauxweine und verfügt über eine un-

glaubliche Sensorik. Master of Wine Jancis Robinson, eine hochgeschätzte, sehr strenge britische Weinkritikerin, bewertet vor allem klassisch gemachte Weine hoch. Wie Gabriel arbeitet sie auch mit einer Skala von 1 bis 20. Weine ab 16 Punkten gelten bei ihr als besonders. Schauen wir doch mal, was ein Robert Parker zum Beispiel über den 2005er Château Pavie aus dem Saint-Émilion im Bordeaux geschrieben hat:

»Der 2005 Pavie ist ein absolut erstaunlicher Wein, der den größten Teil seiner Lagerung im Eichenfass (in der Regel 24 bis 28 Monate) bereits abgeschüttelt hat. Die Farbe ist ein undurchsichtiges Lila. In Extrakt und Konzentration ist der Wein unglaublich, dennoch perfekt ausbalanciert und rein, mit gut integrierter Eiche. Hochkonzentriert schmeckt dieser Wein, fast noch wie ein Baby und nicht wie ein Wein, der bereits ein Jahrzehnt liegt. Intensive Noten von gegrilltem Fleisch, Gewürz-Box, Cassis, schwarzer Kirsche, Lakritze und Graphit sind in Hülle und Fülle präsent. Enorm ausgestattet, aber mit höchster Reinheit und Gleichgewicht, handelt es sich um den größten Pavie in der frühen Perse-Ära[8], die 1998 begann. Lediglich die Jahrgänge 2009 und 2010 machen ihm diese Anerkennung streitig. Ich würde auch noch das Jahr 2000 hinzufügen. Dieser Killerwein sollte noch weitere 50 Jahre gut zu trinken sein und zeigt die Größe des Terroirs, das sich im Besitz der Familie Perse befindet. Nur 7000 Flaschen wurden aus einer Mischung aus 70 Prozent Merlot, 20 Prozent Cabernet Franc und 10 Prozent Cabernet Sauvignon produziert. Bravo!«

Was für ein Wein, mag man da denken. Natürlich gibt es für ihn auch 100 Parker-Punkte.

Wie aber hat Jancis Robinson derselbe Wein geschmeckt?

»Geschwärztes Purpur. Die übliche Süße aus dem Perse-Stall. Die Frucht steigt hoch, um über die Struktur zu triumphieren, scheitert dann jedoch. Sie schafft es fast, doch alles zusammen versinkt in einem Morast aus trockenen, packenden und kratzenden Tanninen. Möglich, dass daraus noch etwas ganz Wunderbares entstehen wird, aber das werde ich nicht mehr erleben.[9] Die Bewertung ist für den Ehrgeiz der Macher, nicht für das Ergebnis. 14,5 Prozent Alkohol. Trinkreife: 2030–2050.«

Immerhin vergibt Jancis Robinson noch 17 Punkte.

Und was sagt René Gabriel?

»Extrem dunkles Purpur-Violett, in der Mitte schwarz. Heißes Bouquet, Dörrfrüchte, Rosinen, Port-Nuancen, viel gekochte

Kirschen. Im Gaumen außen fett mit rundlicher Kontur, innen viel Kraft, wiederum Kirschen, Grenadinespuren, zinfandelhafte Süße. Durch die massive Adstringenz wirken die Gerbstoffe fast etwas trocken und etwas sperrig. Ist das ein großer Wein, der momentan nur etwas in seiner Entwicklung zurückliegt? Ist es ein Monster, das seine Gerbstoffe nie richtig verdaut? Wird er in zehn Jahren Finesse und Klasse entwickeln, wie man das von einem ganz großen Saint-Émilion erwartet? Fragen über Fragen, die sicherlich nicht in den nächsten Jahren schon beantwortet werden können. Aber wer die neuen Pavies kennt, weiß die Antwort irgendwie trotzdem.«

Gabriel ist der Wein trotz seiner angedeuteten Ratlosigkeit 19 von 20 Punkten wert.

Für mich illustriert dieses Beispiel sehr gut, worin das Problem mit Bewertungen liegt. Sie sind immer subjektiv. Jancis Robinson hat einen 99-Parker-Punkte-Wein auch schon mal als »lächerlich« bezeichnet und mit 12 Punkten abgestraft. Auch da ging es um das Château Pavie. Was ich mit diesen Beispielen zum Ausdruck bringen will: Selbst 100 Parker-Punkte sind relativ. Ich selbst habe diese Erfahrung in der Zeit, in der ich einen 100-Punkte-Wein nach dem anderen getrunken habe, auch gemacht. Mein Lehrmeister hat mir die hingestellt und wollte meine Meinung wissen und natürlich waren das gute Weine. Aber ich habe bei vielen auch Dinge gefunden, die mich gestört haben. Wo ich gemerkt habe, dass meine Vorstellung von einem großartigen Wein eine andere ist.

Oft habe ich mich auch gefragt, wofür die 100 Punkte jetzt stehen sollen. Den ersten Schluck? Oder den letzten? Oder für das perfekte zweite Glas? Wie ich bereits erwähnt habe, verändert sich ein Wein während des Trinkens.[10] Die Geschichte, die einem ein Wein erzählt, kann man mit einer einfachen Zahl nicht abbilden. Und da sind wir wieder bei meiner Weinphilosophie: Funktioniert ein Wein bei mir oder nicht? Das ist es, worum es beim Weintrinken geht.

Das Problem am großen Einfluss der Weinbewertungen ist jedoch nicht nur die Verblendung der Konsumenten, sondern auch der vorauseilende Gehorsam der Winzer. Winzer sind auch nur Menschen, die mit ihrer Arbeit gutes Geld verdienen wollen. Und ein schlauer Winzer weiß genau, wie er seinen Wein so machen kann, dass er möglichst viele Parker-Punkte bekommt.[11] Das Ergebnis sind Weine, die sich immer ähnlicher werden. Einheitsbrei statt Geschmacksvielfalt. Ein Lafite von heute schmeckt nicht mehr wie ein Lafite von früher. Klar ist der neue Lafite immer noch ein Charmeur, aber ein alter Lafite schlägt ihn in Sachen Eleganz um Längen. Durch die Parkerisierung des Geschmacks verlieren viele der modernen Weine ihre Eigenständigkeit und werden – für mich zumindest – austauschbar. Wenn alles gleich schmeckt, ist es am Ende egal, was man trinkt. Geht die Entwicklung so weiter, entsteht am Ende eine Tricatel-Welt wie aus dem Louis-de-Funès-Film *Brust oder Keule*. Da wird dann derselbe Brei mal als Hühnchen, mal als Fisch verkauft. Damit wir uns nicht falsch verstehen: Das, was Parker macht, macht er richtig gut. Seine Bewertungen sind absolut nachvollziehbar und, legt man seinen Geschmack zugrunde, auch fair. Aber allein seligmachend sind sie eben nicht. Wenn Sie daher das nächste Mal über eine Weinbewertung stolpern, lassen Sie sich von ihr nicht gleich komplett verführen, sondern bleiben Sie neugierig auf Ihre eigene Meinung zum Wein.

WIE MAN WEIN RICHTIG LAGERT

- Wo und wie man Wein am besten lagert
- Wann muss der Wein liegen? Wann stehen?
- Welche Alternativen es gibt, wenn man keinen Klimaschrank oder Keller hat

Für mich ist die Lagerung eines Weines der König des Ganzen. Auch zu Hause gehört Wein gescheit gelagert. Selbst wenn es nur für eine Woche ist. Der Winzer kann noch so einen

> **»DIE LAGERUNG VON WEIN IST DER KÖNIG DES GANZEN. AUCH ZU HAUSE.«**

guten Job gemacht haben: Wenn man den Wein drei Monate lang in die Küche stellt und danach auch noch in ein stinkendes Glas kippt, dann war die ganze schöne Arbeit für die Katz. Beim Lagern von Wein bin ich ein Pedant. Ich habe Weine, die wurden zehn Jahre nicht berührt. Bei mir darf auch keiner in den Weinkeller oder in den Weinschrank und einfach eine Flasche rausziehen.

Weine brauchen vor allem zwei Dinge: Ruhe und Dunkelheit. Licht macht Wein kaputt. Das ist wie bei einer Banane: Liegt sie dunkel und kühl, hält sie sich viel länger. Lässt man sie dagegen offen liegen, verdirbt sie innerhalb kurzer Zeit. Am besten ist ein Wein in einem kühlen Keller oder Weinklimaschrank aufgehoben. Wer Platz und Geld für einen Klimaschrank hat, sollte – Leute, fürchtet das Licht! – einen ohne Glastür nehmen. Ich habe schon Weinkeller gesehen, in denen die 100-Punkte-Weine extra beleuchtet waren. Weil der Besitzer eben zeigen wollte, was er besitzt und wie viel Geld er für seinen Wein ausgegeben hat. Da habe ich nur den Kopf geschüttelt und mich gefragt: Wofür

macht der das eigentlich? Das ist, als würde man sich einen Old-
timer kaufen und ihn nur in der Garage anstarren. Im Endeffekt
war das kein Weinkeller, sondern ein Weinmuseum.

Viele von uns leben allerdings heutzutage in Wohnungen ohne
einen unterirdischen Keller, in dem automatisch die besten Bedingungen herrschen. Und die meisten haben auch keinen Platz
für einen Klimaschrank. Die einfachste Möglichkeit, Wein in der

Wohnung zu lagern, ist, ihn im Karton zu lassen. Meist werden Weine ohnehin in sehr dicken, gut gepolsterten Kartons verschickt. Suchen Sie sich einen möglichst kühlen Ort in der Wohnung – zum Beispiel das Schlafzimmer – und lassen Sie den Wein einfach im Karton liegen. Die dicke Kartonage schützt nicht nur vor Licht, sondern gleicht auch mögliche Temperaturschwankungen aus. Plötzliche Temperaturunterschiede bewegen den Wein nämlich und Bewegung kann er nicht ab. Wein braucht Ruhe. In einer Wohnung kann die Raumtemperatur allerdings nie konstant bleiben. Mal macht man das Fenster auf, mal heizt sich ein Raum auf, wenn die Sonne am Vor- oder Nachmittag reinscheint, und statt 19 herrschen plötzlich 23 Grad. Im Karton bekommt der Wein davon jedoch schon mal weniger mit, als wenn er offen in einem Weinregal läge. Meine Erfahrung ist, dass Weine durchaus ein bisschen was verzeihen. Wenn ein Wein im Sommer zwei Monate lang bei 23 Grad liegt, tut ihm das nix. Was Weine aber gar nicht mögen, ist eine schnelle Erwärmung in sehr kurzer Zeit. Deshalb schmecken italienische Weine hierzulande oft nicht gut. Das liegt nicht nur an der Qualität der Exportware, sondern manchmal eben auch daran, dass der Weinlaster eine oder zwei Stunden am Brenner in der Sonne im Stau stand.

Wichtig ist auch, dass der Wein an einem Ort mit festem Boden liegt, weit weg von Erschütterungen, die zum Beispiel durch eine Waschmaschine, einen Trockner oder ständiges Umherlaufen entstehen. Wer die Möglichkeit hat, kann den Wein auch auf Sand legen. In meinem Keller stehen ein paar große, mit Sand aufgefüllte Blumenkübel, in denen Weine liegen. Mit der Zeit werden zwar die Etiketten von der Flasche abgeschmirgelt, aber das ist mir egal. Vor Feuchtigkeit habe ich ebenfalls keine Angst. Ich habe Weine schon patschnass gelagert, über Jahre und Jahrzehnte, und es hat ihnen überhaupt nicht geschadet.

Was dagegen nicht funktioniert, ist ein geschlossener Karton in einem feuchten Raum. Da gammelt dir alles weg. Lieber die Kiste offen stehen lassen. Auch die Lagerung in einem Keller kann ihre Tücken haben. Wer seinen Wein zusammen mit den Kartoffeln oder den von der letzten Renovierung übrig gebliebenen Farben lagert, muss sich nicht wundern, dass der Wein die ihn umgebenden Gerüche aufnimmt.

In einer wackeligen Altbauwohnung – zum Weinlagern die Hölle – würde ich versuchen, irgendwo ein Regal über einer Tür anzubringen und die Weine dort möglichst hoch zu lagern. Meine ersten großen Weine, die ich in Italien für richtig viel Geld gekauft hatte, bewahrte ich in einem Koffer unter der Couch auf. Da war ein 86er Margaux dabei, der dort jahrelang lag und dennoch großartig geschmeckt hat. Heute würde ich das zwar nicht mehr machen, aber es hat damals eben auch funktioniert und würde es sicher immer noch. Ein alter Schrank im Flur eignet sich ebenfalls wunderbar für Wein. Hauptsache, die Weine liegen dunkel, dunkel, dunkel.

Wein sollte liegen. Nur große Flaschen ab 6 Liter lagere ich stehend. Alte Portweine sollten auch stehen und Schnaps sowieso. Legte man Schnaps hin, würde der Alkohol mit der Zeit den Korken zerfressen. Der Kühlschrank ist für mich der denkbar schlechteste Ort, um Weine zu lagern. Ich kenne so viele Leute, die in ihrem Kühlschrank immer zwei, drei gute Flaschen Champagner liegen haben. Für Wochen oder gar Monate. Und wenn sie ihn dann trinken, wundern sie sich, dass der Champagner komisch schmeckt. Kühlschränke werden ständig auf-, und wieder zugemacht. Der Wein drinnen bekommt also Licht ab. Hinzu kommen die ständigen Erschütterungen, wenn die Tür wieder zugeballert wird. Stehend in der Kühlschranktür leiden Weine am meisten.

Wer einen Weinklimaschrank hat, sollte ihn nicht zu voll machen, sonst fangen die Etiketten an zu gammeln. Oft habe ich auch erlebt, dass Leute ihren Klimaschrank so vollstopfen, dass sie nichts mehr darin finden. Suchen sie dann nach einer bestimmten Flasche, räumen sie den halben Schrank aus und wieder ein und mit der Ruhe für den Wein ist es vorbei.

Einen Wein für ein paar Jahre selbst zu lagern, ist immer noch die günstigste Methode, um an einen großen Wein zu kommen. Jung kaufen, 10, 15 Jahre gescheit weglegen, Spaß haben. Ich habe Weine, auf die ich sogar schon 20 Jahre warte. Dabei muss das gar nicht immer ein großer Wein sein, den man in den Keller oder ins Schlafzimmer legt. Auch ein schöner Veltliner oder ein gut gemachter Chianti profitiert von zwei, drei Jahren Lagerung. Die meisten Weine tun das.[12] Probieren Sie es einfach mal aus.

WIE MAN WEIN RICHTIG ÖFFNET

- Welches Equipment man zum Öffnen braucht (und welches nicht)
- Warum man alte Weine anders öffnet als junge
- Warum Korken nicht gleich Korken ist
- Wein öffnen, ohne ihn zu öffnen
- Wie man offene Weine lagert

Ein Kapitel über das Öffnen von Wein? Muss das sein? Wenn Sie eine normale Flasche in Händen halten, können Sie wenig falsch machen, aber sollten Sie mal einen alten Wein in die Finger kriegen, gibt es ein paar Feinheiten, die Ihnen helfen, den Wein sauber ins Glas zu bekommen.

Wein braucht Ruhe beim Lagern und auch beim Öffnen. Einmal machte ein Jungsommelier bei einer Probe eine meiner Flaschen auf. Er hielt die Flasche in der Hand und bewegte sie dabei – wohl unbewusst – ständig hin und her. Ich bin fast verrückt geworden. Da liegt die Flasche Jahre im Weinschrank, wird vorsichtig zur Probe transportiert und dann das. Bei einem jungen Wein kein Problem, aber ein alter Wein braucht schon ein bisschen Pflege. Wenn ich eine alte Flasche aufmache, dann stelle ich sie meist ein oder zwei Tage zuvor auf, damit sich das Depot unten absetzen kann. Auch deswegen sollte ein alter Wein beim Öffnen nicht hin und her geschwenkt werden.

»PINNWANDKORKEN SIND WIE EIN FASTFOOD-PATTY. DA STECKT IN EINEM BURGER AUCH DAS FLEISCH VON 180 KÜHEN DRIN.«

Das Depot verteilt sich sonst wieder im Wein und verdirbt den Genuss. Sand hat keiner gerne im Mund. Man kann das Depot auch rausfiltern, aber ich bin kein Fan davon. Das Depot soll im Wein bleiben, aber eben nicht im Glas mitschwimmen.

Zum Öffnen eines Weins reicht ein einfaches Kellnermesser. Es gibt ja auch welche für 250 Euro oder mehr. Das Geld würde ich lieber in Wein investieren. Teure Messer schneiden nicht besser. Nehmen Sie eines, das bei Ihnen gut in der Hand liegt. Ich bevorzuge Messer ohne Knick. Bei denen mit Knick habe ich das Gefühl, die Korken würden schwerer rausgehen, weil der gekrümmte Hebel die Kraft nicht richtig überträgt. Für alte Weine nutze ich manchmal auch die sogenannte Hebamme, eine Art Zange, die man zwischen Flaschenhals und Korken schiebt. Ein Muss ist dieses Werkzeug aber nicht.

Flaschen sind heute mit den verschiedensten Korken versehen. Am schlimmsten sind Plastikkorken, die derart bombenfest in der Flasche sitzen, dass man Gefahr läuft, beim Öffnen den Flaschenhals kaputt zu machen. Das ist ein Gezerre, furchtbar. Mit solchen Korken macht man sich über kurz oder lang auch jedes Kellnermesser kaputt. Was auch schlimm ist: Den Plastikkorken kriegt man nie wieder in die Flasche zurück. Trinkt man sie nicht aus, sondern möchte sich einen Rest für den nächsten Tag aufheben, benötigt man einen Ersatzverschluss.

Lieber sind mir da Drehverschlüsse, die immer mehr in Mode kommen. Über die Lagerfähigkeit von Weinen mit Drehverschluss kann ich nichts sagen. Aber bisher habe ich nichts Negatives festgestellt. Fünf, sechs Jahre kann man einen Veltliner mit Dreher sicher auch im Schrank liegenlassen, ohne dass ihm etwas passiert. Glaskorken finde ich auch nicht schlimm. Allergisch reagiere ich jedoch auf die sogenannten Pinnwandkorken.

Sicher hatten Sie auch schon mal einen dieser Korken in der Flasche, der aus Hunderten zusammengeklebten Korkteilchen besteht. Presskorken heißen sie amtlich. Keine Ahnung, womit die verklebt sind, aber bestimmt sind das keine natürlichen Materialen. Und die kommen dann auch an den Wein. Für mich sind die Pinnwandkorken wie ein Fastfood-Patty. Da steckt in einem Burger auch das Fleisch von 180 Kühen drin. Diese Vorstellung kriege ich beim Anblick eines Pinnwandkorkens einfach nicht aus dem Kopf. Die Winzer, mit denen ich darüber gesprochen habe, sind mit dem Handling der Korken allerdings zufrieden. Sie sagen auch, dass der Kork weniger sei. Entscheiden Sie selbst, ob so ein Korken etwas für Sie ist oder nicht.

Ist der Wein offen, bleibt nach einer halben Flasche oft die bange Frage: Doch noch trinken oder den Rest aufheben? Es gibt Weine, die einen Tag im Kühlschrank ganz gut überstehen. Riesling und Veltliner schaffen bis zu drei Tage. Sie sollten dann aber idealerweise nicht schon zwei Stunden offen auf dem Tisch gestanden haben, sondern gleich wieder verschlossen in den Kühlschrank gelegt werden. Wer weiß, dass er nur eine halbe Flasche trinken will, füllt die Trinkmenge in eine Glasflasche, verschließt das Original sofort und legt (!) es in den Kühlschrank. Stehend in der Tür wird der Wein ordentlich durchgerüttelt. Ist zwar nur für eine Nacht, aber das mag er halt nicht. Und offen ist er ja auch schon. Weißweine tun sich im Kühlschrank wegen der geringeren Oxydation leichter als Rotweine. Sekt hält sich eigentlich auch ganz gut im Kühlschrank. Allerdings braucht man für ihn einen speziellen Sektverschluss. Es gibt sie von verschiedenen Herstellern ab 6 Euro. Der in den Flaschenhals gesteckte Silberlöffel bringt beim Sekt ja mal gar nichts. Wie oft ich das gesehen habe! Aber die Leute glauben beim Wein ja an die abenteuerlichsten Sachen.

Ein noch recht neues System auf dem Markt ist die Weinpumpe von Coravin, die ab 200 Euro kostet. Mithilfe einer durch den Korken gedrückten Nadel können Sie damit Weinflaschen leeren, ohne dass der Korken aus der Flasche muss. Und das Beste ist: Der in der Flasche verbliebene Wein verliert nicht an Qualität, da keine Luft an den Wein kommt. Stattdessen wird die Flasche mit Argon aufgefüllt. Argon ist ein Gas, das Sauerstoff verdrängt und für den Wein unschädlich ist. Ich selbst habe eine solche Pumpe zu Hause, und hat man das Handling einmal raus, funktioniert sie auch. Ich finde es praktisch, dass man sich zu Hause auch mal nur ein Glas von einem guten Wein einschenken kann, ohne den Druck, gleich die ganze Flasche leermachen zu müssen. Das System eignet sich auch wunderbar für eine private Weinprobe, bei der man drei, vier oder sechs Weine verkostet und die Flaschen später in aller Ruhe wegtrinken will.

Einen Nachteil hat das System aber auch – es lässt sich damit Schindluder treiben. In Zukunft werden clevere Geschäftsleute ihre alten Flaschen mit dem Coravin-System auf Fehler wie Kork überprüfen. Werden sie fündig, geht die Flasche in eine Auktion oder wird privat angeboten. Merkt ja keiner, dass da vielleicht ein kleines Loch in der Kapsel ist. Neulich habe ich bei einer Auktion ein Foto gesehen, das eine alte Flasche von oben zeigte. Das Loch in der Kapsel war deutlich zu erkennen. Der Besitzer der Flasche erklärte das Loch mit einem Zettel, den er an den Wein gepinnt hatte. Ich könnte jedoch wetten, dass er die Nadel in den Wein gesteckt hat ... Das Risiko, aus privater Hand schlechte Flaschen zu erwischen, wird in Zukunft sicher noch steigen.

WARUM BEIM DEKANTIEREN WENIGER MEHR IST

- Warum man die wenigsten Weine
  überhaupt dekantieren muss
- Wie man Weine ohne Dekanter dekantiert
- Warum das Glas noch immer der beste Dekanter ist

Nicht jeder Wein muss dekantiert werden und schon gar nicht in unförmigen, bauchigen Dekantern, die auf dem Tisch kaum Platz haben und aus denen sich der Wein nur schwer einschenken lässt. Eingestaubt sind diese auch immer und eine gescheite Reinigung ist unmöglich. Statt mit so einem Dekanter zu arbeiten, nehme ich lieber eine einfache Glasflasche und einen Trichter und fülle den Wein da vorsichtig rein, damit er einmal Luft bekommt. Anschließend fülle ich ihn wieder in »seine« Flasche zurück. Fertig.

Am häufigsten dekantiere ich Weine in alten, dicken Glasflaschen. Ich nehme alte Essig- oder Olivenölflaschen. Oder Cognacflaschen von Hennessy. Ich habe Rotweine, weil grad nichts anderes da war, sogar schon in einer Filterkaffeekanne dekantiert. Oder in einem Messbecher. Einmal umfüllen, zurück in die ursprüngliche Flasche, mehr muss meist nicht sein. Lieber lasse ich den Wein im Glas noch ein bisschen stehen, bis er auch die richtige Temperatur kriegt. Ist der Wein dann immer noch nicht da, wo er sein soll, füllt man ihn eben noch mal um.

Mit dem Dekantieren ist es wie mit dem Vorspiel beim Sex. Ich bin nicht sicher, ob man es immer braucht. Dekantiert man falsch, macht man damit oft mehr kaputt, als man gewinnt. Dekantiert werden müssen ja vor allem unreife Weine, in denen noch viele Tannine stecken. Durch den Sauerstoff kriegt man die Tannine geschmeidig und sie kratzen nicht so auf der Zunge.

Der Wein kann sich besser entfalten und steckt nicht mehr im Würgegriff der Tannine. Kriegt der Wein jedoch zu viel Luft, ist er hinüber. Dann hat man die Oxydation so weit angekurbelt, dass der Wein auch nicht mehr zurückkommt. Ich erschrecke immer, wenn ich bei jemandem zu Besuch bin und der Gastgeber stolz verkündet, dass er den Wein schon in der Früh aufgemacht habe, damit er atmen könne. Zu 99 Prozent ist der dann oxidiert und schmeckt nur noch nach Gemüsesuppe.[13]

Eine gute Methode, um sich an das Dekantieren heranzutasten, ist die 50-50-Methode. Bei der dekantiert man nur die Hälfte des Weins, die andere Hälfte lässt man in der Flasche. Anschließend schaut man, welcher Teil des Weins sich besser entwickelt hat: der belüftete oder der ohne Luft?

> »MIT DEM DEKANTIEREN IST ES WIE MIT DEM VORSPIEL BEIM SEX. ICH WEISS NICHT, OB MAN ES IMMER WIRKLICH BRAUCHT.«

Grundsätzlich gilt jedoch: Der beste Dekanter ist immer noch ein schönes großes Glas. Wer gute, große Gläser hat, muss meiner Meinung nach nur ganz wenig dekantieren, denn im Glas lassen sich wilde Pferde am leichtesten zügeln. Da kriegt ein Wein am schnellsten Luft. Vorausgesetzt, er wird richtig eingeschenkt. Ich mag es, eher weniger einzuschenken, weil ich den Wein erst anschauen will und sehen will, was er macht. Ballert man das Glas gleich richtig voll, braucht der Wein natürlich viel länger, um sich zu öffnen. Das ist wie bei einem Braten, den man in den Ofen schiebt. Ein Kilo Fleisch ist in zwei Stunden durch. Zwei Kilo Fleisch brauchen halt eine Stunde mehr. Ich mag es übrigens auch, Champagner zu dekantieren. Vielleicht kennen Sie das auch, dass es Champagner gibt, die anfangs im Glas seltsam sperrig wirken. Die brauchen noch Luft! Allerdings muss man beim Dekantieren von Champagner sehr vorsichtig sein. Vor allem junge Champagner haben jedoch genug Kohlensäure, sodass es nicht schlimm ist, wenn ein wenig davon aus dem Wein fliegt. Einfacher ist es natürlich auch hier, den Champagner in eine klassische Champagnerschale zu füllen. Er funktioniert darin meist hervorragend.

WELCHE DREI GLÄSER MAN WIRKLICH BRAUCHT

- Welche Gläser man für welchen Wein braucht
- Wie man Gläser richtig lagert
- Wie man Gläser richtig reinigt und poliert

Ums Glas wird beim Wein gern ein ziemliches Bohei gemacht. Zu Recht? Ja und nein. Einen Veltliner kann man überall reinhauen. Für einen Pinot Noir, die Diva unter den Trauben, braucht man dagegen schon das richtige Glas, damit der durchaus schwierige Wein richtig rüberkommt.

»DER BESTE DEKANTER IST IMMER NOCH EIN SCHÖNES GROSSES GLAS.«

Dass ein Glas den Geschmack beeinflusst, ist unstrittig. Wie gut man mit Gläsern arbeiten kann, illustriert folgendes Beispiel: In der »Donau« hatte ich oft das Problem, dass Mann und Frau am Tisch unterschiedliche Vorlieben hatte. Er mochte lieber kräftige, markante Weine, sie wollte es lieber dezenter. Statt ihnen unterschiedliche Weine zu geben, habe ich beiden den gleichen Wein in unterschiedlichen Gläsern hingestellt. Ihm ein kleines, schmales, in dem die Charakteristik des Weins sehr konzentriert wahrnehmbar war, ihr dagegen ein großes Glas, in dem der Wein sich nicht so in den Vordergrund drängen konnte, sondern flüchtiger und leichter wirkte. Das hat funktioniert.

Inzwischen haben findige Glashersteller zu fast jedem Wein ein passendes Glas entwickelt. Für den Riesling, den Pinot Noir, den Merlot ... eine verwirrende Vielfalt. Aber ist sie wirklich nötig? Die Frage, welches Glas man für welchen Wein nimmt, ist heute nicht mehr so einfach zu beantworten wie vor 20 Jahren. Weine werden heute schließlich ganz anders gemacht und haben dadurch einen völlig anderen Charakter ausgebildet. Werfen wir doch noch einmal einen Blick auf die Entwicklung beim Bordeaux, weil wir diese bereits im Kapitel über die Weinbewertungen skizziert haben. Braucht ein moderner Bordeaux mit sehr viel Power und Frucht überhaupt noch ein klassisches Bordeaux-Glas oder hat sich seine Stilistik mittlerweile nicht so sehr verändert, dass er in einem Syrah-Glas viel besser aufgehoben wäre? Probieren Sie es doch mal aus! Es würde mich nicht wundern, wenn so mancher von Ihnen in Zukunft einen modernen Bordeaux nur noch aus dem Syrah-Glas trinkt.

Mittlerweile stolpere ich auch immer wieder über Weine, die zu keinem der herkömmlichen Gläser passen. Ich kenne moderne, übergewichtige Blaufränkische, die müsste man eigentlich gleich in einen Eimer oder in eine Badewanne kippen, damit sie sich überhaupt entfalten können. Das sind Frankenstein-Weine, denen künstlich das Wasser entzogen wurde. Die zwar mit einer unglaublichen Kraft dastehen, sich aber nicht mehr bewegen können. Wie ein Bodybuilder, der zwar 200 Kilo in der Brustpresse hebt, dafür aber seine Schuhe nicht mehr zubinden kann, weil er die Bänder nicht zu fassen kriegt.

Oft nehme ich für den einen Riesling ein klassisches Glas und für den nächsten ein ganz anderes. Warum? Weil der eine Wein vielleicht klassisch, der andere moderner gemacht ist. Mittlerweile hat ja vielerorts eine jüngere Winzergene-

»EIN GLAS FÜR ALLES?
FÜR MICH IST DAS
BURGUNDER-GLAS
DAS UNISEX-GLAS
SCHLECHTHIN.«

ration das Weingut übernommen. Doch zuvor haben sich die jungen Leute noch in der Welt umgeschaut, in Übersee oder Südafrika zum Beispiel. Durch diese Einflüsse ist ihr Know-how und Denken moderner geworden. Und so versucht manch deutscher Winzer heute vielleicht auch ein bisschen mehr so zu arbeiten wie die Winzerkollegen in Kalifornien oder Australien, was sich auch in den Weinen widerspiegelt. Ob das gut oder schlecht ist, werden die Zeit und der Zuspruch der Kunden zeigen. Doch die veränderten Weine bräuchten eigentlich auch neue Gläser.

Ich denke, aufgrund all dieser Entwicklungen kann man nicht mehr starr ein bestimmtes Glas einer bestimmten Weinsorte zuordnen. Macht aber nix – wenn Sie auch bei der Glasauswahl lernen, wie ein Schuhverkäufer zu denken. Ich versuche, immer genau das Glas zu finden, das zum Wein passt. Und genau das rate ich Ihnen auch. Ich habe Champagner auch schon aus einem Tempranillo-Glas getrunken. Einfach, weil es am besten gepasst hat.[14] Ich kann Ihnen nur empfehlen, mit den Gläsern einfach mal ein bisschen herumzuspielen und zu schauen, was welches Glas mit dem Wein macht. Trinken Sie denselben Wein auch mal aus zwei verschiedenen Gläsern gleichzeitig. Sie werden sehen, dass Sie schon bald ein Gefühl dafür bekommen, welches Glas zu welchem Wein passen könnte. Mir selbst passiert es auf Proben auch immer noch, dass ich mit einem ganz bestimmten Glas plane, den Wein dann aber aufmache und merke: Da muss doch ein anderes Glas her. Dann schmeiße ich alles noch mal um. Bleiben Sie also auch mit Gläsern flexibel und klammern Sie sich nicht an starre Regeln.

Ich denke, dass drei Glastypen am Anfang für jeden vollkommen ausreichend sind. Man braucht eigentlich zu Anfang nur ein einziges Glas: das klassische Burgunder-Glas. Für mich ist das Burgunder-Glas das Unisex-Glas schlechthin. Das passt auch prima für Bier. Wenn Sie noch kein Burgunder-Glas zu Hause haben: Kaufen Sie sich eins. Pinot Noir funktioniert sowieso nur in diesem Glas. Es eignet sich aber auch für Chardonnays oder Veltliner. Das klassische Bordeaux-Glas haben die meisten eh im Schrank. Nicht verkehrt, denn das kann man auch sehr gut für einen Riesling oder einen Champagner hernehmen. Auch Moselweine funktionieren in einem Bordeaux-Glas toll, da der Schwefel schneller aus dem Glas fliegt. Als drittes Glas würde ich aber auch noch ein klassisches Champagner-Glas hinzunehmen, keine Flöte.

Was ich Ihnen ebenfalls ans Herz legen kann, ist das Gabriel-Glas von René Gabriel. Es wird ebenfalls als Unisex-Glas beworben, in dem jeder Wein funktioniert. Da gehe ich nicht ganz konform. Das Gabriel-Glas funktioniert tatsächlich für jeden Wein, allerdings bei manchen Weinen zu gut. Für die Analyse ist das prima, für den Genuss nicht immer. Manche Weine werden durch das Gabriel-Glas nämlich regelrecht demaskiert. Das brauche ich nicht immer. Das ist wie bei einer schönen Frau, die man in einer Bar kennenlernt und mit der man eine tolle Nacht verbringt. Und plötzlich, am nächsten Morgen, steht die ohne Schminke da und man denkt sich: Was hab ich getan!? Nein, manchmal will ich beim Wein (und bei den Frauen) gar nicht ganz so genau hinschauen müssen.

Gläser sollen nicht teuer, sondern vernünftig sein. Persönlich mag ich keine Gläser mit zu dicken Rändern, bei denen man das Gefühl hat, beim Trinken gar nicht an den Wein ranzukommen. Mit solchen Gläsern kann ich irgendwie keine echte Verbindung zum Wein aufbauen. Wichtiger als der Preis des Glases ist sowieso, wie die Gläser behandelt, wie sie gelagert werden. Gläser gehören zum Beispiel nicht in einen mit Farbe lackierten Holzschrank, denn sie nehmen wahnsinnig schnell Gerüche an. Falsch gelagert, beginnt Glas zu stinken. Gläser, die im Dunst eines Schranks stehen, der aus zusammengeklebten Spannplatten besteht, riechen meist pappig. Besonders unangenehm ist der typische Eiweißgeruch, der in manchen Schränken entsteht. Kennen Sie den Geruch von Eiweiß, das in einer Metallschüssel aufgeschlagenen wird? So stinken Gläser nach einer Weile im Küchenschrank. Lieber trinke ich Wein aus einem Kaffeebecher als aus ei-

»AUS EINEM STINKENDEN GLAS SCHMECKT SELBST DER BESTE WEIN NICHT.«

nem stinkenden Glas, denn daraus schmeckt selbst der beste Wein nicht.[15] Ich selbst lagere meine Gläser in geschlossenen Kartons. Da entsteht zwar auch der typische Kartonmuff, aber der verfliegt sehr schnell und bleibt nicht im Glas.

Für das Reinigen der Gläser verwende ich ganz normales Spülmittel. Wichtig ist, das Glas danach warm abzuspülen. Probieren Sie das mal aus. Waschen Sie zwei Gläser und spülen Sie eines warm und das andere kalt aus. Anschließend polieren sie beide. Die Gläser werden vollkommen anders aussehen und riechen.

Für das Polieren der Gläser gibt es auch einen Trick. Viele drehen sich ja dabei die Stiele ab. Schade um die vielleicht kostbaren Teile. Dabei lässt sich das ganz leicht vermeiden. Am besten nimmt man zwei Poliertücher. Mit einem fasst man den Griff, mit dem anderen Tuch geht man ins Glas. Dreht man das Tuch im Glas, geht nix mehr kaputt. Mit einem besonders großen Poliertuch, wie man es in der Gastronomie verwendet, funktioniert das auch. Die Poliertücher sollten einfach mit den Handtüchern mitgewaschen werden. Ohne Weichspüler.

Nachfolgend ein paar Weinempfehlungen für die verschiedenen Gläser. Aber denken Sie dran: Wenn Sie sich mit einem anderen Glas als dem von mir empfohlenen wohler fühlen, nur zu!

BURGUNDER-GLAS

Merkmale:
bauchig, nach oben
leicht geschlossen

Chardonnay,
Veltliner,
junge, kräftige
Champagner,
Rosé-Champagner,
generell reife Weine,
moderne Bordeaux,
Pinot Noir,
Blaufränkischer,
Übersee-Weine,
Cabernet Sauvignon
(jung, modern,
heiße Länder),
Bier

BORDEAUX-GLAS

Merkmale:
schmaler Bauch,
eher lang, nach
oben geöffnet

Klassische Bordeaux,
junge Moselweine,
junge Rieslinge,
schweflige Weine
(durch den graden
Hals des Glases
fliegt der Schwefel
schnelle weg),
blumige Weine,
Rhône-Weine,
Cabernet Sauvignon
(klassisch)

CHAMPAGNER-GLAS

Merkmale:
bauchig-rund, eher
lang, nach oben
geschlossen

Champagner,
weiße, junge
Burgunder (wenn sie
nicht zu fett sind),
junge Weine,
Sangiovese,
Tempranillo

WARUM WEINTEMPERATUREN
FÜR DEN GENUSS WICHTIG SIND

Die Weintemperatur ist für mich mittlerweile sehr wichtig geworden. Und zwar nicht nur beim Lagern, sondern auch im Glas oder in der Karaffe. Oder sogar im Zimmer. Neulich hatte ich eines meiner Weindinner, bei denen man an einem Abend sieben verschiedene Weine und begleitendes Essen bekommt. Wir saßen in einem kleinen Raum, gut ein Dutzend Personen. Mit der Zeit war der Raum, ohne dass es mir bewusst gewesen wäre, immer wärmer geworden. Wir waren beim letzten Flight angekommen, für den ich einen perfekt temperierten Cabernet öffnete. Der Wein war reif und ganz klassisch gemacht. Zu meiner Verblüffung waren die Reaktionen der Gäste auf den Wein sehr verhalten. Er kam gar nicht gut an, obwohl es ein toller Wein war. Tatsächlich war der Wein ein bisschen schwierig in der Nase. Er roch irgendwie tuntig. Einer der Dinnergäste, der sich gut mit Wein auskennt, fragte mich, was denn mit dem Wein los sei. Ich überlegte und kam regelrecht ins Schwitzen. In dem Moment merkte ich, wie warm es im Raum geworden war. Also schickte ich die Leute mit dem Glas an die frische Luft. Und siehe da, ein bisschen was konnte ich so noch retten. Der Wein brauchte einfach noch ein bisschen kühle Luft und Sauerstoff. Beides gab der stickige, heiße Raum nicht mehr her. Das erinnert mich an mein altes Mofa, das am kühlen Abend auch immer besser lief als tagsüber in der prallen Sonne. Draußen trinken halte ich generell für eine gute Idee. Die Weine entwickeln sich an der frischen Luft oft leichter und schneller als in einem geschlossenen Raum. Ein Effekt, der zum Urlaubswein-Phänomen – meist werden diese ja draußen getrunken – sicher mit beiträgt.

Mit der richtigen Temperatur funktioniert Wein einfach besser. Ein leichter Weißwein kann ruhig 6 Grad haben. Einen guten kräftigen Weißwein oder einen Champagner würde ich dagegen immer bei 10 Grad servieren. Bei 10 Grad kann ich am Tisch entscheiden, ob ich den Wein in der Kühlung nicht doch noch auf 8 Grad runterziehe oder ob ich ihn auf 12 Grad gehen lasse. Serviere ich den Wein mit 8 Grad, dauert es viel zu lang, bis er bei 12 Grad ist. So aber bin ich in beide Richtungen – wärmer und kälter – flexibel. Bei Rotweinen verhält es sich ähnlich. Die serviere ich mit 14 bis 15 Grad. Ein Rotwein, der bei 12 Grad gelagert ist, kann locker zwei Stunden brauchen, um auf Trinktemperatur zu kommen. Für die Flaschentemperatur entwickelt man mit der Zeit ein Gefühl. Ansonsten hilft es, dort ein Thermometer auf-

> »MIT DER RICHTIGEN TEMPERATUR FUNKTIONIERT WEIN BESSER. WIE MEIN ALTES MOFA: DAS WAR AM KÜHLEN ABEND AUCH IMMER FLOTTER UNTERWEGS ALS TAGSÜBER.«

zubewahren, wo der Wein liegt. Einen Rotwein kann man auch schnell mal im Kühlschrank runterkühlen. Wer einen zimmerwarmen Weißwein hat und den unbedingt gleich trinken muss, packt ihn halt ins TK-Fach. Kühlmanschetten funktionieren auch sehr gut, um Weine auf Temperatur zu bringen.

Am Tisch arbeite ich am liebsten klassisch mit einem Aluminiumkübel und Eiswürfeln. Kaltes Wasser in den Kübel, acht Eiswürfel rein, fertig. Der Kübel muss nicht randvoll mit Eiswürfeln gefüllt sein, wie es viele machen. Der Wein soll nicht abgeschreckt, sondern temperiert werden. Sind keine Eiswürfel zur Hand, lege ich einfach ein Eis-Pad aus der Tiefkühltruhe in den Weinkühler, gieße kaltes Wasser hinzu und gut ist.

Übrigens finde ich, dass die Temperatur auch beim Essen eine Rolle spielt. Ist Ihnen das auch schon mal aufgefallen? Bei Suppen oder Eintöpfen zum Beispiel entfaltet sich der eigentliche Geschmack viel klarer auf der Zunge, wenn das Essen kalt ist. Ein Gulasch schmeckt kalt viel intensiver, als wenn ich es warm esse. Wenn ich noch Gulasch vom Vortag habe, stelle ich es daher oftmals erst gar nicht noch mal auf den Herd, sondern mache mich gleich darüber her. Bei Tee dürfte es Ihnen auch schon aufgefallen sein: Warm schmeckte der Tee komplett anders als der ausgekühlte Rest in der Tasse.

WAS LEISTEN JAHRHUNDERT-JAHRGÄNGE UND STARWINZER?

- Warum guter Jahrgang nicht gleich guter Jahrgang ist
- Warum schlechte Jahrgänge oft Schnäppchen versprechen
- Warum kleine Winzer nicht automatisch die besseren Winzer sind

Wer macht den Wein? Der Winzer oder der Jahrgang? Es gibt mehr Jahrhundert-Jahrgänge als Jahrhunderte. Und bei Baron Rothschild denken auch Menschen, die noch nie einen Wein getrunken haben: Das ist ein guter Wein. Auch so manche jüngeren Winzer sind heute regelrechte Stars. Viele zu Recht, einige wissen sich jedoch lediglich gut zu vermarkten. Da reicht es oft, ein flippiges Etikett auf die Flasche zu kleben, und schon gilt man als junger Wilder, der den Wein neu erfunden hat. Lassen Sie sich von solchen Geschichten nicht blenden. Erfahrung ist beim Wein eine Qualität, die man nie unterschätzen sollte. Aber probieren Sie die jungen Wilden ruhig. Geben Sie ihnen eine zweite Chance, wenn es Ihnen nicht gleich schmeckt, aber lassen Sie es dann irgendwann auch sein, wenn Sie keinen Zugang zu diesen Weinen finden. Die Rückkehr zu kleinen Produzenten gilt im Moment in der Food-Szene allgemein als schick, Massenware ist dagegen out. Eigentlich eine erfreuliche Entwicklung, doch nicht immer funktioniert das Ausgefallene. Ich kann zum Beispiel kaum etwas mit den sogenannten Orange oder Natural Wines anfangen. Neulich bei einem Dinner gab ich den Leuten einen Orange Wine als Aperitif. Betretene Stille im Raum. Bis ich sagte: »Keine Angst, den müsst ihr nicht austrinken.« Der Wein, es war ein Traminer, roch und schmeckte wie Duschgel. Danach waren alle erleichtert und wir verbrachten einen lockeren und guten Abend mit richtigen Weinen.

Ein kleiner Independent-Winzer ist kein Garant für einen guten Wein. Ebenso wenig müssen Sie die Produkte von Produzenten, die für den Massenmarkt arbeiten, automatisch verteufeln. Antinori zum Beispiel macht richtig gute Weine. Für 15 Euro kriegen Sie da einen absolut vernünftig gemachten Roten aus der Toskana. Ich war vor ein paar Monaten auch über den neuen Veuve Cliquot überrascht. Das Label stand bisher nicht

unbedingt auf meiner Liste. Jetzt aber scheinen sie den Champagner wieder etwas länger aufs Holz zu legen, sodass man den gut trinken kann.

Kommen wir zum Thema Jahrgänge. Guter Jahrgang,

schlechter Jahrgang – was ist das eigentlich? Das Klima beeinflusst den Wein, klar. Daraus jedoch gleich ein allumfassendes Urteil über die Weinqualität abzuleiten, finde ich verkehrt. Ein

Beispiel: In einem kühlen Jahr geraten deutsche Weißweine deutlich säurebetonter. Wer säurebetonte Weine mag, kommt also in so einem Jahr voll auf seine Kosten. Wer dagegen glattere Weine bevorzugt, sollte sich besser nach »wärmeren« Jahrgängen umschauen. Ob ein Jahrgang gut oder schlecht ist, hängt also schon mal nicht allein vom Wetter, sondern auch von Ihrem ganz persönlichen Weingeschmack ab. Die nächste Variable in unserer Jahrgangsgleichung: Die Auswirkungen des Klimas sind nicht überall gleich. Während es bei uns in diesem Sommer immer wieder geregnet hat, schien in der Toskana ganz normal die Sonne. Die Italiener dürfen sich folglich bei Weinen aus dem Jahr 2016 auf lagerfähige, schwere Rotweine freuen, bei den deutschen Weinen darf man hingegen gespannt sein, was daraus wird.

Ich schaue gern konkret nach, in welchen Anbaugebieten es welche klimatischen Auffälligkeiten gab und was sie mit einem Wein gemacht haben. 2010 war zum Beispiel ein schwieriges Jahr in Österreich. Da ist viel kaputtgegangen und die klimatischen Bedingungen haben den Winzern die Arbeit richtig schwergemacht. Solche Weine kaufe ich am liebsten. Wenn die Winzer trotz widriger Bedingungen gut arbeiten, macht man da richtige Schnäppchen, weil sich alle immer nur auf die Topjahrgänge stürzen. Ich kaufe oft lieber die schwierigen Jahrgänge. Die sind meist deutlich günstiger und nicht so viel schlechter. Ich schaue dann, dass ich den Wein ein paar Jahre liegen lasse und über die Reife noch ein bisschen was raushole. Das funktioniert nicht immer, aber oft.

Schauen wir uns doch mal die Jahrgänge ab 2000 an, um zu sehen, was sie uns zu bieten hatten und noch immer haben:

2000

······································

Bordeaux: Für mich ein wichtiger Jahrgang. Warum? 2000 ist einer der letzten großen Jahrgänge im Bordeaux, wo noch nicht alles nach Übersee (Frucht + zu viel Alkohol) schmeckt. Ab diesem Jahrgang sind immer mehr Klassikerweine zur »Moderne« hinübergeschwenkt.

Burgund: Schwieriger. Kann mit der Qualität im Bordeaux in diesem Jahr nicht mithalten.

Italien: Was ich aus Italien getrunken habe, fand ich sehr anständig. Zugreifen und ausprobieren.

Wachau: Ein paar gute Veltliner gibt es noch. Wenn Sie mal über einen stolpern, zögern Sie nicht.

Burgenland: Die Roten aus dem Burgenland sind immer noch super zu trinken.

Champagne: Die Weine aus diesem Jahr sind nix für die Ewigkeit.

2001

······································

Bordeaux: Wieder sehr gut. Vielleicht sogar noch besser als 2000. Besonders auf der Merlot-Seite.

Italien: In Italien fand ich alles toll.

Wachau: Die Weine aus der Wachau sind noch erstaunlich fit, wenn sauber in Sachen Edelfäule gearbeitet wurde.

Mosel: Ist in diesem Jahr einfach nur gut und wird noch lange leben.

Rhône: Großartig.

Burgund: So lala.

2002

Bordeaux: Die Bordeaux-Weine dieses Jahrgangs sind nicht so schlecht, wie immer alle tun, besonders Margaux ist toll. Die brauchen halt noch Zeit. Und man sollte grüne Paprika mögen.

Burgund: Rot und Weiß sind in diesem Jahr legendär. Aber leider ist nicht mehr viel davon auf dem Markt.

Deutschland: Wenn man noch etwas bekommt, ist es toll.

Österreich: Fand ich in diesem Jahr auch o. k.

Rhône und Italien: Stets bemüht.

Champagne: Wird ewig leben und ist einfach nur toll.

2003

Insgesamt ein superheißes Jahr, das markante Weinspuren hinterlassen hat.

Bordeaux und Burgund: Ich habe schon immer an Burgunder und Bordeaux aus diesem Jahr geglaubt. Die Weine kommen, brauchen aber sogar noch ein paar mehr Jahre Zeit, bis sie richtig gut sind.

Wachau: Super, besonders der Veltliner.

Deutschland: Aus Deutschland wird es aus diesem Jahrgang im süßen Bereich noch die eine oder andere Überraschung geben.

Champagne: Braucht noch Zeit.

Italien: Aus Italien gefällt mir eigentlich nur der Sangiovese, wenn er nicht zu heiß wurde. Ein bisschen eine Lotterie.

Rhône: Großartig, auch die Weißen.

2004

....

Italien: Einfach toll. Vor allem das Piemont.

Bordeaux: Auch besser, als viele denken, besonders das Pomerol.

Burgund: Wird oft kritisiert, aber Rot und Weiß sind beide doch besser geworden. Die Weißen haben eine schöne Säure, was sie sehr sexy macht. Wie eine Blondine in einem Schwarzweißfilm, die ein rotes Kleid trägt.

Saint-Émilion und Deutschland: Die Weine haben sich toll entwickelt.

Champagne: Da gibt es superschöne Rosé-Champagner.

Österreich: Die Weine sind schön gereift und machen jetzt unglaublich viel Spaß.

2005

....

Bordeaux: Laut Medien *der* Jahrgang im Bordeaux. Das ist ja nicht falsch, aber in der heutigen Zeit bedeutet Jahrhundert-Jahrgang meistens auch viel Alkohol und Power zu Lasten der Eleganz. Was mich erschreckt, ist, wie zugänglich die großen Bordeaux schon jetzt sind. Meiner Meinung nach sollte sich ein großer Bordeaux erst mal zurückziehen, um sich zu entwickeln, und sich nicht schon durchgehend fertig präsentieren. Ich hätte die Weine erst deutlich später so stark erwartet. Und wer da wieder schlaumeiert und denkt, er kauft halt jetzt die Weine kleiner Weingüter in einem großen Jahrgang, sollte nicht vergessen, dass die auch das Gewicht des Jahrgangs erst einmal heben müssen. Nicht jeder 20-Euro-Wein aus dem Bordeaux hat das Rückgrat wie ein Latour. So einfach ist es ja leider nicht. Wer Pech hat, macht eine dieser Flaschen auf und trinkt eine wirklich ausgezeichnete Gemüsesuppe, da die Weine bereits oxidiert sind.

Piemont: Viel besser, als alle denken. Das Vorjahr war legendär. Im Vergleich dazu fallen die 2005er-Weine natürlich ab. Doch gäbe es das Jahr 2004 nicht, wäre 2005 eines der stärksten im Piemont gewesen.

Wachau: In der Wachau war das Jahr superschwierig. Was aber zum Schluss noch im Weinberg hing, bekam den Jahrhundert-Herbst ab. Ich find die Weine einzigartig.

Burgund: Im Burgund ist für mich für beides, Rot und Weiß, 2005 einer der besten Jahrgänge überhaupt. Einfach nur großartig. Legendenweine.

Mosel: Wie das Burgund.

2006

Wachau: 2006 war es in der Wachau sehr heiß, was viel Alkohol bedeutet und mir damals große Sorgen bereitet hat. Aber gerade die kleinen Lagen im Smaragd haben sich wunderbar entwickelt und bieten viel Spaß für den kleinen Geldbeutel. Mit den großen Lagen würde ich noch warten.

Italien: In der Toskana sind große Weine entstanden. Den Rest von Italien habe ich nicht auf dem Schirm, ich denke aber, die Weine sollten passen.

Deutschland: Die Mosel macht gerade viel Spaß.

Burgund: Die Roten sind besser als erwartet. Die Weißen werden dagegen nicht so gut altern.

2007

Bordeaux: In diesem Jahr hängen die Weißen die Roten eindeutig ab. Das soll nicht heißen, dass die Roten schlecht sind oder nichts taugen. Aber die Weißen von 2007 sind außergewöhnlich.

Burgund: Im Burgund ist Weiß wunderschön. Das sind Weine mit toller Säure, die sind blitzblank und haben noch ein langes Leben vor sich. Vor allem die Chablis liebe ich einfach nur. Zu den Roten kann ich nur sagen: In zehn Jahren werden einige Freunde an mich denken, wenn sie nicht auf mich gehört und die kleine Schwester des großen 1990er-Jahrgangs verpennt haben. Meine Flaschen liegen im Schrank. Auf die freue ich mich schon.

Deutschland: In Deutschland habe ich eigentlich auch nur schöne Sachen getrunken.

Wachau: Hat mir gut gefallen, aber ich würde nicht für alle Lagen die Hand ins Feuer legen.

Italien: Hier war 2007 besonders in der Toskana großartig. Aus dem Piemont habe ich leider noch nix probiert. Warum eigentlich?

2008

Deutschland: Die Weißen haben eine starke Säure abbekommen, die sich aber super entwickelt hat. Da ist aus so manchem hässlichen Entlein ein schöner Schwan geworden.

Burgund: Auch hier haben sich die Weißen trotz starker Säure gemausert. Der Pinot Noir ist einfach toll und wird in ein paar Jahren sicher noch für Gesprächsstoff sorgen. Im positiven Sinn.

Bordeaux: Die Merlot-Seite fand ich wieder saugut, aber die braucht halt Zeit, wie damals der Jahrgang 1998. Der Rest im Bordeaux ist ebenfalls sehr gut geworden.

Champagne: Im Champagner-Bereich wird es aus dem Jahr 2008 noch Legenden geben – falls nicht schon vorher alles weggetrunken wird.

2009

Burgund: Das Jahr hat viele zum Schwärmen gebracht. »Ganz groß«, sagen alle. Das denke ich auch. Mit kleinen Einschränkungen. Die Roten haben das Lob uneingeschränkt verdient. Bei den Weißen wird die Zeit zeigen, ob die Säure für große Weine gereicht hat. Die Pinots sind für mich zu schnell zu zugänglich für einen so großen Jahrgang gewesen. Mal schauen, wie sich die Weine 2025 trinken.

Bordeaux: Das Jahr im Bordeaux war einfach nur toll. Aber wenn der Grundwein schon 15 Prozent Alkohol hat ... Wer gerne Likör oder Portwein trinkt, wird die Weine lieben. Ich werde noch warten. Allerdings waren die Weine auch sehr teuer. Wem Geld egal ist, der sollte sich jedoch einen Château Lafleur kaufen und in 15 Jahren trinken. Danach kann man in Ruhe sterben.

2010

Burgund: Ich habe mir ziemlich viel aus dem Jahr gekauft, weil der Wein viel klassischer ist als der »große« 2009er. Da haben viele andere gepennt, was sich sehr positiv bei den Preisen bemerkbar gemacht hat. Danke schön. Die Weißen haben viel Säure abbekommen. Wer die Weine gut lagern kann, wird sich in ein paar Jahren richtig freuen. Besonders der Chablis ist toll, mit guter Säure für ein langes Leben. Und der Corton-Charlemagne halt.

Bordeaux: Schönes Jahr. Da habe sogar ich mir noch ein paar rote Fläschchen gekauft, aber nicht viele.

Wachau: In der Wachau erleben wir 2010 das gleiche Spiel wie 2005. Ich glaube, das Jahr war für die Winzer sogar noch schwieriger. Ganz vorne mit dabei ist jedoch Rudi Pichler, der immer sehr sauber mit Edelfäule arbeitet. Die Smaragd-Rieslinge werden noch zehn Jahre brauchen und dann: Habe die Ehre!

2011

Burgund: 2011 war im Burgund ein Superjahrgang, der aber wenig Beachtung fand, da 2009 und 2010 schon relativ stark waren. Das erlebt man oft, dass eine Region für ein Jahr ohne Ende gehypt wird und alle wie blöd kaufen und ihre Keller vollstopfen. Folgt dann ein weiteres starkes Jahr, hat keiner mehr Kohle übrig und den Keller ja eh schon voll.

Wachau: Meine Wachau gefiel mir 2011 nicht so gut wie allen anderen. Ich fand die Weine vor lauter Perfektion schön langweilig, aber das ist wahrscheinlich Geschmacksache.

Bordeaux: Aus dem Bordeaux hab ich nix mehr probiert.

Deutschland: Mosel fand ich wieder toll.

2012

Wachau: Ein gutes Jahr in der Wachau, wie man gehört hat. Aber ich muss gestehen, dass ich da noch nicht viel probiert habe.

Bordeaux: Besser als erwartet. Ich würde mir vor allem die weißen Bordeaux anschauen. Wie sich der Rest entwickelt, kann man jetzt nur schwer einschätzen. Schaun mer mal.

Deutschland: Hatte ein gutes Jahr. Besonders die Roten machen Spaß.

Burgund: Wird sich in ein paar Jahren schön entwickeln. Aber es gibt wenig zu kaufen.

2013

Bordeaux: Das Jahr ging ziemlich in die Hose. Der Sauternes war gut. Die Champagner werden ebenfalls sehr gelobt. Ich hatte mit ihnen noch nicht das Vergnügen.

Österreich: Die Steiermark hatte gute Bedingungen für ihre Weine und dürfte in diesem Jahr die Nase vorn haben. Und die Flaschen aus dem Weinviertel inklusive Wien würde ich mir auch anschauen. Der Rest war o. k.

Deutschland: Das Jahr war nicht so gut wie 2012. Aber ich denke, da gibt es auch wieder ein paar schöne Überraschungen. Also halten Sie Ohren und Augen offen und heben Sie sich noch ein paar Euro für Wein auf.

Burgund: Da habe ich Gutes gehört, aber selber noch nicht viel probieren können.

2014

Burgund: Soll klasse sein, aber eigentlich ist es noch zu früh, da ein verlässliches Urteil abzugeben.

Bordeaux: dito.

Deutschland: Aus diesem Jahr sollte man sich ein paar Weine aus Rheinhessen in den Keller legen.

2015

Wird gerade eifrig als der nächste Jahrhundert-Jahrgang im Bordeaux und Burgund gehypt. Aber mal schauen. Ich hätte gerne ein paar Burgunder-Weine, aber ich fürchte, die werden sehr teuer.

Wachau: Da hat mir sogar der Federspiel schon sehr viel Spaß gemacht.

Deutschland: Wird sich die nächsten Jahre perfekt durchtrinken lassen. Ich werde mich an die süßen Sachen halten.

WARUM SICH DAS ESSEN AUCH MAL NACH DEM WEIN RICHTEN SOLLTE

Essen gehört für mich zum Wein dazu. Ich esse mindestens genauso gern, wie ich trinke. Aber: Ein guter Wein braucht kein Essen, so wie ein guter Kaffee keinen Zucker braucht. Ich bin sowieso der Meinung, dass der Wein sich nicht immer nach dem Essen richten sollte. Viel schöner finde ich es oft, wenn ich einen Wein aufmache und mir erst mal ein Glaserl genehmige. Wein entspannt mich, das ist wie Yoga.[16] Und während ich entspanne, überlege ich dann, was ich zu diesem Wein kochen könnte, nicht umgekehrt. Essen verändert den Wein. Immer.

Die Kombination von Wein und Essen gilt in der gehobenen Gastronomie als hohe Kunst. Und sie ist es auch. Einmal servierte ich bei einem Dinner einen alten Brunello, der nach Eisen und Blut schmeckte. Das muss man mögen. Beim ersten Schluck war der Wein den meisten Gästen auch zu sperrig. Dann kam das Essen: Es gab Maibock mit einem Gewürzblaukraut. Normalerweise stimme ich Wein und Essen nicht so sehr aufeinander ab, aber in diesem Fall hatte ich mir Mühe gegeben. Der Brunello hatte selbst keine Frucht und ich konnte gut verstehen, dass er für die meisten erst mal nur wenig zugänglich war. Doch durch das stark gewürzte Blaukraut war die Frucht plötzlich da und der Wein gewann an Gefälligkeit. Die meisten Gäste merkten das gar nicht, tranken jedoch gleich fröhlicher. Nur ein Gast durschaute meinen »Trick«. Bei einem anderen Dinner hatte sich der Koch für ein Stunden-Ei mit Räucheraal entschieden. Da waren auch alle in der Runde gespannt, was für einen Wein ich dazupacken würde, und die Kombi brachte mich tatsächlich fast an meine Grenzen. Ich habe es dann doch mit einem alten weißen Bordeaux geschafft. Der ging schon fast in eine Sherry-Richtung, leicht oxydativ mit viel Holz. Manchmal, finde ich, kommt man mit einem Wein auch gar nicht so weit wie mit einem anderen Getränk. Es muss nicht immer Wein zum Essen sein. Probieren Sie doch mal Austern mit Guinness. Das kommt vielleicht geil, wenn sich die Mineralität der Austern mit dem herben Guinness-Geschmack verbindet.

Die Frage, welchen Wein man zu welchem Essen serviert, ist hochkomplex. Man kann eben nicht einfach sagen, dass man zum Gulasch am besten einen Primitivo hernimmt. Wird das Gulasch mit Paprika oder ohne Paprika gekocht? Kommt Kümmel mit ran oder nicht? Jedes verwendete Gewürz würde sich auf meine Weinempfehlung auswirken. Ich kann Ihnen daher keine verlässliche Liste über perfekte Paarungen von Wein und Essen an die Hand geben. Das wäre Augenwischerei. Zu meinem Gulasch – ich koche es hell, ohne dunkle Sauce – serviere ich übrigens gern mal einen Veltliner. Einen reifen, mit Schliff. Sie würden überrascht sein, wie gut das funktioniert.

Obwohl Wein und Essen zusammengehören, gibt es Speisen, die sich einem Wein widersetzen. Sobald Ingwer in einem Ge-

richt drin ist, können Sie einen Rotwein dazu komplett vergessen. Koriander ist ebenfalls ein schwieriges Gewürz. Wer da einen guten Weinbegleiter gefun-

> **»EIN GUTER WEIN BRAUCHT KEIN ESSEN, ABER ESSEN GEHÖRT FÜR MICH EINFACH ZUM WEIN DAZU.«**

den hat, schicke mir doch bitte eine Mail. Ei in flüssiger Form ist auch eine Herausforderung. Doch solche Weinwidersacher sind die Ausnahme und nicht die Regel.

Also: Haben Sie keine Angst und lassen Sie sich nicht damit verrückt machen, dass Sie den falschen Wein zum Essen servieren könnten. Von althergebrachten Regeln wie »Weißwein zum Fisch« oder »Rotwein zum Fleisch« halte ich wie schon gesagt gar nichts. Zu einem schönen Fisch mit Speck zum Beispiel geht auch ein eleganter Rotwein. Ich find auch Chili con Carne zum reifen Cabernet toll. Den Tipp mit den kräftigen Weißweinen zu hellen Schmorgerichten habe ich Ihnen ja schon verraten. Der Champagner ist auch ein toller Speisebegleiter zu jedem Gang. Schade, dass ihn die meisten immer nur als Aperitif trinken. Zum Hummer sollte man ruhig auch mal einen Süßwein trinken. Das schmeckt wirklich toll.

MAGNUM VS. KLEINE FLASCHE

Kleine Flaschen werden unterschätzt. Große Flaschen bereiten ein längeres Trinkvergnügen. Die meisten Leute trinken 0,75-Liter-Flaschen. Dabei lohnt es, auch immer ein paar kleinere und größere Flaschen im Keller zu haben. Große Flaschen halten länger, Kork, wenn er da ist, fällt nicht so ins Gewicht.[17] Bei sechs Leuten am Tisch reicht eine 0,75er-Flasche gerade so aus. Bei einem alten Wein bekommt man sogar nur sechs Gläser aus der Flasche. Da macht eine Magnumflasche einfach mehr Spaß. Vor allem bei Champagnerflaschen mag ich auch ein bisschen die Show, die man mit einer Magnum am Tisch veranstalten kann. Trinkt man allein, reicht eine kleine 0,375er-Flasche dagegen aus. Kleine Flaschen sind auch eine günstige Gelegenheit, sich an einen großen Wein heranzutasten. Klar kostet der Wein in der Relation mehr, aber eben nicht gleich ganz so viel wie als große Flasche. Einen Unterschied im Geschmack habe ich nicht festgestellt. Die Meinung, dass kleine Flaschen schneller reifen und demzufolge schneller hinüber sind, teile ich nicht. Leider gibt es kleine Flaschen nur sehr selten. Schön finde ich die neuen kleinen Flaschen mit Drehverschluss. Die sind praktisch, wenn man zu Hause allein trinken will.

Allerdings bieten Magnumflaschen ein längeres Zeitfenster beim Trinkvergnügen. Wenn man jetzt zum Beispiel im Bordeaux einen sehr schwierigen, tanninstarken Jahrgang hat, würde ich immer großflaschig kaufen und die Flaschen kühl und länger lagern. Dann kriegt der Wein eine schöne Reife. Vielleicht ist das der Grund, warum viele finden, dass Wein aus Magnumflaschen besser schmeckt. Ich weiß es nicht. Eine Magnum verschafft einem

» EIN BISSERL MAG ICH BEI MAGNUMFLASCHEN AUCH DIE SHOW. VOR ALLEM BEIM CHAMPAGNER.«

auch mehr Zeit mit dem Wein. Nimmt man zwei normale Flaschen von einem Wein, werden es dennoch immer zwei verschiedene Weine sein, da man nie dasselbe Fass erwischt. Bei einer Magnum trinkt man ein und denselben Wein vom ersten bis zum letzten Schluck. Magnumflaschen funktionieren auch bei Champagner ganz hervorragend. Da mag ich auch ein bisschen die Show.

Meine Lieblingsgrößen beim Wein wären ja Halbliter- und Literflaschen. Halbliterflaschen macht keiner, in den Literflaschen landen meist nur Billigweine. Ich weiß nicht, warum das keiner macht. Diese Formate wären so praktisch. Der halbe Liter macht einen allein richtig glücklich, man kann ihn aber auch schon zu zweit trinken. Trinkt man dagegen eine 0,75er-Flasche, hört der Spaß allein nach einem halben Liter meist auf. Da ist man dann schon ordentlich paniert und schmeckt nichts mehr. Bei meinen Dinnern habe ich oft das Problem, dass ich eine 0,75er-Flasche auf zehn Personen aufteilen muss. Das wird dann schon ganz schön knapp. Und bei größeren Veranstaltungen sind normale Flaschen einfach verdammt schnell leer. Da ist man nur am Korkenziehen.

MODERNER WEIN – WAS HINTER DEN VIELEN WEINTRENDS STECKT

Es gibt beim Wein ein paar Entwicklungen, die mir Sorgen machen. Vor allem die modernen Weine bereiten mir Kopfzerbrechen. Aber was ist das überhaupt, »moderner« Wein? Ich erkläre es am besten mal mit Rotwein, weil Sie das, was mir an modernen Weinen missfällt, vielleicht mit einem Roten selbst schon mal erlebt haben. Ein moderner Rotwein, der ist kräftig, der hat seine Beeren, der hat einen Haufen Alkohol, was natürlich auch immer ein Geschmacksträger ist, eine Vanillenote ... der Wein ist im Grunde genommen wie ein dickes, süßes Dessert, in dem alles drin ist. Aber im Endeffekt stellt man, wenn man ein paar von diesen Flaschen getrunken hat, fest, dass man immer denselben Wein trinkt. Viele Winzer haben mittlerweile den Dreh raus und produzieren genau die Weine, die die Leute trinken wollen. Beziehungsweise Weine, die gefällig und einfach zu trinken sind. Die sind wie Bounty für Erwachsene.

Unsere Welt wird immer schneller und scheinbar immer perfekter. Diese Entwicklung hat auch den Wein erfasst. Mir persönlich fehlt es bei den modernen Weinen aber ein bisschen an

Struktur. Mir fehlen auch die Narben an solchen Weinen. Viele moderne Weine sind glattgebügelt. Als wären sie gebotoxt. Das sind Weine, die ihre Seele verloren haben. Getrieben ist diese Entwicklung auch durch die Erwartung des Konsumenten, dass ein Wein auf Kommando funktionieren muss. Das geht nicht. Wer sich einen alten Porsche kauft, kann damit in einem Bergrennen nicht mit einem nagelneuen SUV mithalten. Wein braucht ein bisschen Geduld. Die wollen sich aber heutzutage die wenigsten Leute leisten. Hat die alte Uhr einen Kratzer, wird sie weggeschmissen. Ich bin ein Fan von Patina und ich würde mich freuen, wenn die Leute wieder ein bisschen mehr auf Ausstrahlung achteten. Vor

> »EIN WEIN MUSS MIR ZUZWINKERN, MICH ANMACHEN KÖNNEN. DA WILL ICH EIN LÄCHELN SEHEN. ODER AUCH MAL EINEN SCHMOLLMUND.«

»ICH BIN EIN FAN VON PATINA UND ICH WÜRDE MICH FREUEN, WENN DIE LEUTE WIEDER EIN BISSCHEN MEHR AUF AUSSTRAHLUNG ACHTETEN. VOR ALLEM, ABER NICHT NUR BEIM WEIN.«

allem, aber nicht nur beim Wein. Es wäre schön, wenn wir Purismus und Hedonismus wieder miteinander verbänden. Es gibt ja auch weitverbreitete Weine, die einen eigenen Charakter, eine gewisse Eleganz besitzen. Der moderne Wein, das ist dagegen oft wie ein Märchen, bei dem ich am Anfang schon das Ende kenne.

Ich finde es schade, dass allen Dingen mittlerweile ihre Natürlichkeit entzogen wird. Dem Wein wie dem Menschen. Du musst ja nur nach Hollywood schauen. Da hat die Mehrheit der Schauspieler gar keine Mimik, gar keinen Ausdruck mehr. Überall nur straffe, immer gleiche Gesichter. Wein ist für mich etwas Lebendiges. Das ist nicht einfach nur ein Getränk. Der Wein muss arbeiten können, der muss sich bewegen können. So wie das Gesicht eines Schauspielers. Mit Botox oder Barrique-Schminke unter der Haut geht das nicht.

Wie soll ich denn zu einem Wein mit einem toten Gesicht eine Beziehung aufbauen? Da muss sich doch ein gewisser Charme zwischen uns entwickeln. Der muss mir zuzwinkern, mich anmachen können. Ich will ein kleines Lächeln sehen, oder auch mal einen Schmollmund.

Ich finde es auch viel schöner, wenn ein Mensch Falten kriegt. Oder graue Haare. Die muss man doch nicht rauszupfen. Die grauen Haare gehören zu uns dazu, die sind natürlich entstanden. Vom modernen Wein kann man das meist nicht mehr sagen.

Ich glaube, die meisten Weine werden viel zu jung getrunken. Gerade bei Weinen aus Übersee oder Afrika, wo es tolle Qualität gibt, greifen die Leute viel zu schnell zum Korkenzieher. Und dann sitzen sie vor einem Wein, der noch gar keine Zeit hatte, einen Charakter zu entwickeln. Vor allem junge Rote sind dann meist nicht mehr als Holzmonster. Könnten diese Weine noch zehn Jahre liegen und ihr Holz runterschleifen, würden sie sich um einiges eleganter präsentieren. Das ist wie mit einem Kind, das man in einen zu großen Mantel steckt. Es schaut lä-

»WEINTRENDS? DAS SIND FÜR MICH NEBELKERZEN, DIE DEN BLICK AUF DAS WAHRE WESEN DES WEINS VERSTELLEN.«

cherlich aus und kann darin kaum laufen. Aber lässt man das Kind noch drei Jahre wachsen, sitzt der Mantel plötzlich wie angegossen. Weine, die liegen, heben sich selbst und kleiden sich mit dem Holz noch mal vollkommen neu an. Nicht nur Rotweine sollten reifen, auch Champagner oder Weißweine profitieren von einer Lagerung. Alte Weine, so ist zumindest mein Empfinden, sind auch bekömmlicher.

Mir ist schon klar, dass auch die Weinbranche den Kunden Geschichten und Trends liefern muss, um sie bei Laune zu halten oder gar neu zu gewinnen. Es gab die Zeit der Überseeweine, des deutschen Weißweins, dann kamen die Österreicher wieder, jetzt sind es die Organic oder Orange Wines, die im Glas für Abwechslung sorgen sollen. Aber ein Chardonnay muss doch nicht unbedingt bio sein, um gut zu schmecken. Warum? Bio kann mitunter auch kontraproduktiv sein. Ein Bauer muss unter Umständen spritzen, um seine Trauben zu retten, weil sonst seine Existenz bedroht ist. Ich verstehe auch nicht, warum neuerdings versucht wird, Weine ohne Schwefel zu machen. Wenn es die Weine besser machen würde, gerne. Aber das tut es nicht. Der Versuch, immer alles neu zu erfinden, kann auch in die Hose gehen. Mir jedenfalls kommen diese neuen Orange Wines vor wie die Pop Art von Andy Warhol. Triviales wird zur großen Kunst erhoben.

Für mich sind die meisten Weintrends Nebelkerzen, die den Blick auf das wahre Wesen des Weins verstellen. Die Weinwelt ändert sich auch so genug. Durch den Wandel des Klimas – es wird immer heißer – werden die Trauben bereits alkoholischer und der Ertrag niedriger. Das Ergebnis sind Weine, die ihre Typizität komplett verändern. In zehn Jahren wird ein Barolo nicht mehr nach Barolo schmecken. Aber bevor es so weit ist, schauen wir uns gemeinsam die wichtigsten Trauben und meine Weinempfehlungen dazu an.

....

SPASS IM GLAS.
MEINE WEIN-PRAXIS

....

WO WELCHER WEIN HINGEHÖRT – DIE WICHTIGSTEN WEINREGIONEN

Wenn Sie gute Weine trinken wollen, hilft es sehr zu wissen, wo eine Traube eigentlich hingehört. Klar gibt es einen Chardonnay mittlerweile überall auf der Welt. Der wird ja gern getrunken. Also bauen Weinbetriebe ihn massenhaft an, auch wenn die Bedingungen im Weinstock vielleicht überhaupt nicht für einen Chardonnay geeignet sind. Dass sich das später in der Qualität niederschlägt, ist ja klar. Trinkt ein Laie solche Chardonnays ein, zwei Mal zu oft, würde es mich nicht wundern, wenn er hinterher sagt, dass Chardonnay eigentlich nix für ihn ist. Weil er die guten gar nicht kennt. Ein Chardonnay gehört ins Burgund. Kauft man sich einen Chardonnay aus Deutschland für 30 Euro und einen aus dem Burgund für 20 Euro, wird der aus dem Burgund immer besser ankommen. Jede Wette. Es gibt eben Regionen, wo ein Wein sich besser entwickeln kann, und das sind meist die Regionen, aus denen der Wein ursprünglich stammt. Gehen wir also mal kurz durch, wo welcher Wein eigentlich hingehört und wo Sie automatisch bessere Weine finden.

REBSORTE	WO MAN DIE BESTEN WEINE ZUR TRAUBE FINDET	BERÜHMTE WEINE
Chardonnay	Burgund, Kalifornien	Chablis, Mersault, Champagner, Pouilly-Fuissé
Pinot Noir/ Spätburgunder	Burgund, Deutschland, Kalifornien	–
Nebbiolo	Piemont	Barolo, Barbaresco
Grüner Veltliner	Österreich, insbesondere Wachau und Wagram	Federspiel, Smaragd (Qualitätsstufen)
Merlot	Bordeaux (Pomerol, Saint-Émilion), Friaul	Pomerol, Lafleur (jahrgangsabhängig)
Cabernet Sauvignon	Bordeaux (besonders Pauillac, Saint-Estèphe und Saint-Julien), Kalifornien, Toskana	–
Cabernet Franc	Friaul, Bordeaux	–
Riesling	Österreich, Deutschland, Elsass	–
Tempranillo	Rioja	–
Grauburgunder (Pinot Grigio)	Deutschland, Italien	–
Syrah	Rhône, Südfrankreich	Hermitage
Aglianico	Kampanien	–
Sangiovese	Toskana	Chianti, Brunello
Sauvignon Blanc	Frankreich, Österreich (Steirische Klassik)	Pouilly-Fumé
Blaufränkisch	Österreich (Burgenland)	in Deutschland Lemberger
Neuburger	Österreich	–
Lagrein	Südtirol	–

DIE WICHTIGSTEN WEINE

BLOSS KEINEN VELTLINER! –
EIN WEINSCHAUSPIEL IN EINEM AKT

Ort: ein versteckt gelegenes Kellerlokal
                             irgendwo in München
Handelnde Personen: Wirt
                             Weinkenner 1
                             Weinkenner 2
                             Weinkenner 3

Die Weinkenner nehmen gut gelaunt und in freudiger Erwartung an einem freien Tisch im Lokal Platz. Der Wirt grüßt die Herren – man kennt sich bereits von einigen Besuchen – und tritt an den Tisch heran.

Wirt: Und, was wollt ihr trinken?

Weinkenner 1: Kannst du uns was empfehlen?

Wirt: Ich hätte da einen richtig guten Veltliner!

Weinkenner 2: Na, bloß keinen Veltliner!

Weinkenner 3: Ich mag den auch nicht. Hast du nicht irgendwas Besonderes da?

Wirt: Was Besonderes? Kann ich euch auch machen.

Wenig später kehrt der Wirt mit drei Gläsern Weißwein an den Tisch zurück. Die Weinkenner nehmen die Gläser, riechen angetan am Wein und nehmen einen Schluck.

Weinkenner 1: Donnerwetter, ist der gut!

Weinkenner 2: Stimmt, nicht schlecht, der Tropfen. Seht ihr, aus dem Thomas muss man das Beste immer erst herauskitzeln.

Weinkenner 3: Was ist das überhaupt für ein Wein?

Wirt: Ein Grüner Veltliner.

Weinkenner 3: Nicht dein Ernst!

GRÜNER VELTLINER –
DER IST WIE BIER MIT ALLRAD

ALLGEMEINES:

Die Geschichte ist tatsächlich so ein paar Mal bei mir in der »Blauen Donau« passiert. Früher, da war ich selbst wie die Weinkenner. Veltliner habe ich immer als billigen Hochzeits- oder Kochwein abgetan. Irgendwann habe ich dann mal mit Freunden eine Weinprobe gemacht, zu der ein Freund einen alten Veltliner in einer Magnumflasche mitbrachte. Tja, und dann bin ich dagesessen und war vollkommen baff, wie gut Veltliner sein kann. Fette Veltliner für 6 bis 8 Euro mit wenig Säure, das ist wie Bier mit Allrad. Der passt zu jedem Essen, egal, was du kochst, Veltliner geht immer. Veltliner verzeiht auch sehr gut Gläserfehler. Der schmeckt sogar aus einem Wasserglas. Den Wein stellst du auf den Tisch und keiner meckert. Das ist einfach ein Wein, zu dem du dir keine Gedanken machen musst. Wichtig ist nur: Veltliner braucht Kraft. Vom Alkoholgehalt sollte er über 13 bis 13,5 Prozent gehen. Er profitiert auch ungemein davon, wenn er gelagert wird. Fünf Jahre tun ihm gar nichts. Viele trinken meist nur die leichten, mineralischen Veltliner, die nur Pfeffer haben und anstrengend sind. Ein schön gelagerter, runder Veltliner macht dagegen jeden glücklich.

HERKUNFT:

Die besten Veltliner kommen aus der Wachau. Da gehört der Veltliner hin. Insgesamt sind 80 bis 90 Prozent der Veltliner-Produktion richtig gut. Wer mindestens 6 Euro in die Hand nimmt, kriegt daher auch ordentlich was für sein Geld. Das Preis-Leistungs-Verhältnis beim Grünen Veltliner gehört beim Wein mit zu den besten überhaupt.

CHARAKTERISTIK:

Typisch für Veltiner sind (weißer) Pfeffer und Apfelnoten. Einige haben auch dieses Kandierte. Veltliner hat durchaus seine Facetten. Aber sie sind nicht plakativ und nicht sofort da. Der Wein ist sehr klar, weder Säure noch Aromen stechen hervor. Das macht den (ein paar Jahre alten) Veltliner sehr harmonisch und daher einfach zu trinken. Toll finde ich auch, dass der Veltliner – zumindest der aus der Wachau – kein Barrique hat und auch nicht braucht. In der Wachau gibt es den Kodex, den Veltliner ohne Barrique aufzuziehen. Ich mag Barrique, freue mich aber, wenn es auch mal ohne geht. Holz kriegt er schon, aber kein Barrique. Veltliner ist ein Saufwein. Wenn es einen Abend gäbe, an dem ich viel trinken müsste, dann würde ich immer Veltliner nehmen.

DAS RICHTIGE GLAS:

Fast jedes. Der Veltliner schmeckt aus so gut wie jedem Glas. Das beste ist das Burgunder-Glas.

FÜR WEN GEEIGNET?

Veltliner ist der perfekte Einsteigerwein. Wer mit dem Weißweintrinken anfangen will, sollte zuerst zum Veltliner greifen. Veltliner sind für mich auch der perfekte

Biertrinkerwein. Wenn ich jemanden habe, der sonst nur Bier trinkt, kriegt er von mir einen Veltliner. Er wird den Wein vielleicht nicht gleich lieben, aber es wird funktioniert. Er wird ihn gern trinken

ZU WELCHEM ANLASS?

Einfach immer. Perfekt auch zum Picknick.

DER SONG ZUM WEIN:

Lou Reed. Sehr lässig, sehr klar. Eingängig und dennoch eigen. Obwohl der Sound oft sehr einfach wirkt, lohnt es sich, zweimal hinzuhören. Wie beim Veltliner. Macht euch mal einen Veltliner auf, legt euch aufs Sofa und hört »Walk on the Wild Side«, aber auch etwas abseitigere Nummern wie »The Gun«.

DIE WICHTIGSTEN WINZER/WEINGÜTER:

FRANZ HIRTZBERGER AUS DER WACHAU. Die Weine von Hirtzberger sind nicht ganz billig, aber er ist einfach einer der Besten in seinem Bereich. Das Preis-Leistungs-Verhältnis ist absolut in Ordnung. Seine Veltliner sind extrem lagerfähig.

WOLFGANG AIGNER AUS NIEDERÖSTERREICH. Bei Aigner lohnen sich vor allem die kräftigen Topweine wie etwa die Privatfüllung Sandgrube.

MANTLERHOF AUS DEM KREMSTAL. Beim Roten Veltliner einer der Besten. Außerdem ist der Josef Mantler nicht nur ein toller Winzer, sondern auch ein toller Mensch.

FRANZ SAUERSTINGL AUS WAGRAM. Franz Sauerstingl macht klasse Weine, die zwar nicht ganz mit denen aus der Wachau mithalten, aber dafür sehr viel Spaß für noch kleines Geld ermöglichen. Tipp: Sauerstingl macht auch einen tollen Roten Veltliner.

KURT ANGERER. Ein Winzer, der trotz seiner Erfolge schön am Boden geblieben ist. Auch bei ihm lohnt es sich, die reifen Veltliner zu trinken. Die sind top.

MEINE EMPFEHLUNGEN

Zum Kennenlernen:

Da empfehle ich die Sandgrube Reserve Niederösterreich 2015[18] vom Weingut Aigner. Die Privatabfüllung von Aigner hat viel Kraft, wenig Säure. Das ist der Wein, bei dem das typische Bier-mit-Allrad-Gefühl aufkommt. Dieser Wein macht jeden glücklich. Ca. 15 Euro.

Günstiger Spaß im Glas:

Der Grüne Veltliner Kies von Kurt Angerer beherrscht den Spagat zwischen leicht und schwer. Von dem kann man auch mal ein bisschen mehr trinken. Nicht nur im Jahr 2015 ein Top-Preis-Leistungs-Verhältnis. Ca. 8 Euro Den Grünen Veltliner Löss IV Brunnthal 2015 aus Wagram von Franz Sauerstingl mag ich auch sehr gern. Die Veltliner aus Wagram sind fast so gut wie die Veltliner aus der Wachau, aber viel günstiger. Beim Löss IV denke ich immer: Das ist wie aus einem Gebirgsbach zu trinken. Kandierte Äpfel mit Mineralien vermischt und leichter Rauch. Ca. 12 Euro.

Die besondere Flasche:
Roter Veltliner vom Mantlerhof in Reisenthal, 2013. Schöner Wein, schöne Säure. Zwar nicht der stärkste Jahrgang, aber dafür mit genügend Kraft selbst zum Fleisch. Ca. 18 Euro.
Wenn ich um die Welt reisen würde und dürfte nur einen Wein mitnehmen, dann diesen: Grüner Veltliner Honivogl von Franz Hirtzberger, 2015. Ein barocker Wein. Purer Hedonismus. Wer Honivogl trinkt, hat Sex mit einem Weißwein. Kein Wunder bei einem Alkoholgehalt von 14 Prozent. Der hält auch alles aus. Ca. 60 Euro.

PINOT NOIR (SPÄTBURGUNDER) – WIE WENN MAN AN WEIHNACHTEN NACH HAUSE KOMMT UND OMA HAT GEKOCHT

ALLGEMEINES:

Einer der heikelsten Weine überhaupt. Nicht umsonst wird der Pinot Noir als die Diva unter den Trauben angesehen. Ich mag ihn sehr, kann aber auch die Leute gut verstehen, die sich damit schwertun. Der Pinot Noir ist kein Wein für jeden Tag, denn: Gute Pinots kosten immer Geld (25–40 Euro). Zwischen 50 und 100 Euro gibt es dann auch schon Weine, die sehr viel Spaß machen können. Wie Sie (mittlerweile hoffentlich) wissen, schadet dem Pinot Noir ein bisschen Reife nicht.
Ich habe mal einen Freund in Berlin besucht und als Gastgeschenk einen Pinot Noir mitgebracht. Der Freund

spendierte aus seinem Weinkeller einen schönen Weißen aus der Wachau und einen Haute-Brion. Also schon richtig ordentliche Sachen. Die haben wir getrunken. Alles prima. Dann haben wir den Pinot Noir aufgemacht. Da war erst mal Ruhe am Tisch. Es fühlte sich an, als würde man an Weihnachten nach Hause kommen und Oma hat gekocht. Es roch nach Roter Bete, nach lauwarmem Marmorkuchen, der noch im Ofen steht, nach einer Küche, in der stundenlang gute Sachen gekocht worden sind. Wer das Glück hat, das einmal erleben zu dürfen, der versteht Pinot Noir.

Ich habe aber auch leider schon viele schlechte Pinot Noirs getrunken. Mal, weil der Wein keine Lust hatte, mal, weil er einfach nicht gut gemacht war. Das braucht man auch nicht schönreden.

HERKUNFT:

Der Pinot Noir gehört zuallererst natürlich ins Burgund. Dann kommt Deutschland. Hier wird der Pinot Noir allerdings als Spätburgunder bezeichnet. Es gibt auch Pinot Noirs aus Australien, Südafrika, Neuseeland oder Kalifornien. Aber das sind meist kitschig gemachte Micky-Maus-Weine.

CHARAKTERISTIK:

Hellere Farbe (wenn der Winzer klassisch gearbeitet hat), extrem komplex. In diesem Wein kann man wirklich alles riechen: Kirschen, Weihrauch, Erdbeeren ...

DAS RICHTIGE GLAS:

Funktioniert nur im Burgunder-Glas.

FÜR WEN GEEIGNET?

Nur für Leute, die bereit sind, sich auf einen Wein einzu-
lassen. Und die, wenn der Wein nicht will, ihn auch eine
Weile in Ruhe lassen können. Vielleicht kommt er dann
noch und lässt sich doch zähmen.

ZU WELCHEM ANLASS?

Seelennahrung

DER SONG ZUM WEIN:

Ein klassisch gemachter Pinot Noir ist wie eine Bach-Kan-
tate. Er hat auch immer etwas Aristokratisches und
Sehnsüchtiges, als wäre er nicht ganz von dieser Welt.
Hört mal eine Bach-Kantate von Glenn Gould zum Pinot
Noir, wenn Gould in die Tasten haut und mitsummt.

DIE WICHTIGSTEN WINZER/WEINGÜTER:

DOMAINE MÉO-CAMUZET, BURGUND
DOMAINE A. F. GROS, BURGUND (schwierig zu trinken!)
GEORGES ROUMIER, BURGUND
EMMANUEL ROUGET, BURGUND
DOMAINE LEROY, BURGUND

MEINE EMPFEHLUNGEN

Zum Kennenlernen:

Da würde ich zu einem Clos de la Bousse d'Or von der Domaine de la Pousse d'Or aus Volnay greifen. Nicht ganz so klassisch, aber daher auch etwas einfacher zu trinken und dennoch typisch Pinot Noir. Ca. 70 Euro.

Günstiger Spaß im Glas:

Der Fixin von der Domaine Méo-Camuzet ist ein schöner Pinot Noir, auf den man nicht ewig warten muss. Den macht man auf und hat Spaß. Ca. 35 Euro.

Die besondere Flasche:

Da bleiben wir bei der Domaine Méo-Camuzet und nehmen den Vosne-Romanée. Den sollte man nur reif trinken. Mindestens fünf Jahre sollte er haben, besser wären sieben. Ca. 60–90 Euro.

Der Vosne-Romanée aux Réas von der Domaine A. F. Gros ist kein einfacher Pinot Noir. Der zickt gerne auch mal. Doch für diese Lage, eine der besten im Burgund, kann man auch schon mal 300 Euro und mehr ausgeben. Da ist dieser Wein für ca. 70 Euro ein Schnäppchen.

CHARDONNAY –
CHARDONEE, GREISLIG ODER SCHEE?

ALLGEMEINES:

Der Chardonnay ist ein Mythos. Der Supermarktwein schlechthin. Aber taugt er von dort auch was? Leider weniger. Chardonnay wächst auf der ganzen Welt, ist aber in Sachen Barrique meist falsch gekleidet. Da hat man dann einen wässrigen Wein, der von einem Monsterholz erdrückt wird, statt mit ihm zu harmonieren. Das ist, als würde man in einen Ford Fiesta einen Shelby-Motor einbauen. Das funktioniert nicht. Ich habe beim Chardonnay nie gespart und würde es auch nicht empfehlen. Da sollten Sie ruhig mit 15 Euro aufwärts einsteigen. Im Burgund, wo der Chardonnay zu Hause ist, geht es da ja auch erst los. Auf jeden Fall sollte man in seinem Leben mal einen guten Chablis getrunken haben, auch wenn es nicht ganz einfach ist, wirklich gute zu finden (einer steht in den Weinempfehlungen).

HERKUNFT:

Der Chardonnay wird in zahlreichen Regionen und Ländern angebaut, aber die besten Chardonnays, da lege ich mich fest, kommen aus dem Burgund und Kalifornien. Und aus der Champagne. Der in meinen Augen beste Champagner ist ja auch immer ein reiner Chardonnay, ein sogenannter Blanc de Blancs. Wer schon einmal das Vergnügen hatte, einen Clos de Mesnil von Krug zu trinken, weiß, wovon ich spreche.

CHARAKTERISTIK:

Sexy. Wenn man Gold trinken könnte, würde es so schmecken. Für mich ist Chardonnay blond. Chardonnays aus Österreich sind fetter (Pamela Anderson). Bei denen ist von allem ein bissel mehr da. Das sind Weine mit guten Rundungen. Burgunder sind eher zurückhaltend (Kate Moss), aber dann irgendwann auch ziemlich wild. Wer als Mann in seinem Leben keinen flotten Dreier mit zwei Frauen schafft: mit zwei geilen Chardonnays geht's.

DAS RICHTIGE GLAS:

Burgunder-Glas

FÜR WEN GEEIGNET?

Hedonisten, als Dosenöffner für Frauen

ZU WELCHEM ANLASS?

Zum Fleisch oder einfach zum Reinkluckern

DER SONG ZUM WEIN:

»Playground Love« von Air. Spiel das Lied zu einem Chardonnay und der BH der Frau fummelt sich von ganz allein auf.

DIE WICHTIGSTEN WINZER/WEINGÜTER:

DOMAINE MÉO-CAMUZET, BURGUND
DOMAINE LEFLAIVE, BURGUND
WEINGUT VELICH, BURGENLAND
NEWTON VINEYARD, KALIFORNIEN (leider nur der teure)
WEINGUT KNOLL, WACHAU

MEINE EMPFEHLUNGEN

Zum Kennenlernen:

Nehmen wir doch einen guten weißen Bourgogne von der Domaine Leflaive. Da weiß man, wie ein Chardonnay zu schmecken hat. Ca. 40 Euro.

Oder wir gehen in die Champagne und holen uns dort einen 2008er von Ayala, ein Hammerwein. Ca. 40 Euro

Noch ein bisschen fetter ist der Tiglat aus dem Burgenland. Ca. 40 Euro.

Günstiger Spaß im Glas:

Da muss es ein Smaragd-Chardonnay von Knoll sein. Der wird zwar ohne Barrique ausgebaut, macht aber dennoch Spaß. Ca. 25 Euro.

Die besondere Flasche:

Wem das Holz vor der Hütte bricht, der kann nach Kalifornien gehen und sich mal einen Newton-Chardonnay kredenzen lassen. Ca. 40 Euro.

Chablis Les Clos 2007 von Vincent Dauvissat, ab 170 Euro Die Vollendung. Der beste Chablis, den ich je getrunken habe.

CHAMPAGNER –
DAS EINZIGE, WAS AM CHAMPAGNER STÖRT, IST DER PREIS

ALLGEMEINES:

Natürlich könnte man jetzt wieder den Champagner erklären. Wie er gemacht wird, mit Hefe und bla und ich kenn den Kellermeister ... Aber das machen ja schon alle anderen.

Der feine Herr Champagner – was gibt es über ihn zu sagen? Ich fand ja früher Champagner eher anstrengend und sauer. Kein Wunder, wenn man nur die bekannten Champagner aus dem Supermarkt trinkt. Da werden die Flaschen vom Licht und der Wärme mit der Zeit einfach müde. Von denen habe ich dann auch ein rechtes Sodbrennen gekriegt. Heute ist Champagner dagegen mein Lieblingsrausch, weil ich das Glück hatte, auch mal ein paar vernünftige zu trinken.

Wenn ich noch mal mit dem Champagner anfangen würde, dann mit einem Blancs de Blancs, also einem reinen Chardonnay. Ich trinke Champagner auch gern aus einem größeren Glas und nicht ganz so kalt, wie immer empfohlen wird. Statt bei 4 Grad bin ich beim Champagner lieber bei 8 Grad. Aber das ist Geschmackssache.

Im Restaurant schaue ich immer, welche Champagner auf der Karte stehen. Dort sind sie nämlich meist nicht so streng kalkuliert wie andere Weine, da sie sich sonst kaum verkaufen würden. Besonders die teuren Champagner kommen vergleichsweise fair daher und mit etwas Glück hat die Flasche im Keller auch schon ein bisschen

Reife bekommen. Champagner lässt sich meiner Meinung nach auch gut zum Essen trinken. Solange keinen dunklen Saucen im Menü sind, passt er zu allem. Selbst Fleisch tut ihm nix.

Immer wenn ich den Leuten im Lokal einen Champagner ausgegeben habe, hat er ihnen geschmeckt und sie waren begeistert. Aber immer wenn sie ihn bezahlen sollten, haben sie lieber drauf verzichtet. Wie schade. Ich würde lieber etwas weniger trinken oder hier und da mal eine App weniger kaufen, um mir dafür einen gescheiten Champagner zu leisten.

Wenn ich mir zum Beispiel die Frauen von heute so anschaue: Die spritzen sich schon mit 16 die Stirn flach und blasen sich die Lippen auf und schmieren dann noch den Klarlack drüber. Früher haben die einfach Champagner getrunken und waren auch fröhlich und haben sich schön gefühlt. Ich glaube, wenn Männer ihre Frauen mehr verwöhnen und beim Essen mal öfter einen Champagner springen lassen würden, statt immer so geizig zu sein, würden die Frauen sich auch ohne Botox wieder besser fühlen. Mit sich selbst und mit dem Mann. Also, lasst euch vom Preis nicht abschrecken und trinkt mehr Champagner!

HERKUNFT:
....

Die Champagne. Ich habe da mal Urlaub gemacht. Schee war's.

CHARAKTERISTIK:

Auf Wolken laufen

DAS RICHTIGE GLAS:

Champagner-Glas, Tempranillo-Glas, Schale. Ein reifer Bollinger passt auch ins Burgunder-Glas.

FÜR WEN GEEIGNET?

Für jeden, der gern ein bisschen mehr trinken will, am nächsten Tag aber wieder arbeiten muss. Mit Champagner kommt man einfach schneller auf die Beine.

ZU WELCHEM ANLASS?

»Ich trinke Champagner, wenn ich fröhlich bin. Und wenn ich traurig bin. Sonst aber rühre ich ihn nicht an. Außer wenn ich Durst habe.« Lilly Bollinger

DER SONG ZUM WEIN:

»Love Shack« von The B-52s. Unbedingt über die leicht verstörenden ersten 30 Sekunden drüberhören. Danach macht man die Augen zu und sieht sich nur noch mit einem Glas Champagner in der Hand auf einer Sommerparty, wo alle fröhlich sind, schon leicht einen sitzen haben und wissen: Die nächsten Stunden werden einfach nur geil.

DIE WICHTIGSTEN WINZER/WEINGÜTER:

AYALA

JACQUES SELOSSE

KRUG

BOLLINGER

DOM PERIGNON

JACQUESSON

SALON

MEINE EMPFEHLUNGEN

Zum Kennenlernen:

Blancs de Blancs von De Saint Gall. Der hat ein bisschen Frucht und macht es einem daher am Anfang etwas leichter. Ca. 35 Euro.

Günstiger Spaß im Glas:

Ich würde einen Champagner von Ayala empfehlen, da dieser nicht so mit Säure um sich schlägt. Wunderbar ausgewogen, der nervt kein bisschen. Ca. 35 Euro.

Die besondere Flasche:

Bollinger natürlich. Den kann man auch gerne im Keller »vergessen« und dann nach ein paar Jahren sehen, wie er seine wahre Pracht entfaltet. Da weiß man, was die berühmte Brioche-Note im Champagner wirklich ist. Dazu isst man eine hauchdünn geschnittene Mortadella. Himmlisch.

Jacquesson macht wunderschöne Sachen.

Jacques Selosse ist natürlich das Nonplusultra, aber sehr schwer zu bekommen.

Krug ist genial, aber teuer. Mein Tipp: Den einfachen Krug kaufen, einlagern und Jahre später trinken. Das ist schon großes Kino.

Wer schlau ist, legt sich alles, was er aus dem Jahr 2008 an Champagner kriegen kann, in den Keller. In ein paar Jahren wird er der glücklichste Mann oder die glücklichste Frau der Welt sein.

GRAUBURGUNDER (PINOT GRIGIO) – DER GEHT IMMER, SOGAR AUS TONKRÜGEN IM GARTEN

ALLGEMEINES:

An dieser Stelle werden alle aufatmen, die bisher bei 25 Euro für »günstigen Spaß im Glas« gedacht haben: Hat der sie nicht mehr alle? Ich weiß, dass das viel Geld ist, und hätte ich bei den Trauben zuvor einen günstigeren Wein von Herzen empfehlen können, hätte ich das auch gern getan. Beim Grauburgunder haben wir dieses Problem nicht mehr. Das ist der perfekte Wein für Sparfüchse. Wer eine große Party feiert und viel Wein für wenig Geld will: Grauburgunder. Sogar aus Deutschland kommen richtig viele gute Weine. Einfach ausprobieren. Und dann gibt es ja noch die Grauburgunder aus Italien, wo er aber Pinot Grigio heißt.

HERKUNFT:

Er funktioniert super aus Deutschland. Die italienische Variante, den Pinot Grigio, mag ich dagegen eher mit viel Power.

CHARAKTERISTIK:

Am besten schmeckt er mir, wenn er kräftig ist und auch im Alkohol ein bisschen Power hat. Die Trauben des Grauburgunders haben in der Schale viele Tannine. Dadurch entsteht eine schöne Würzigkeit. Passt der Winzer jedoch nicht auf, kann die Würze in Bitterkeit umschlagen.

DAS RICHTIGE GLAS:

Egal, der geht immer, überall, sogar aus Tonkrügen im Garten.

FÜR WEN GEEIGNET?

Der perfekte Einsteigerwein

ZU WELCHEM ANLASS:

Zu allem, was mit Wein noch mehr Spaß macht

DER SONG ZUM WEIN:

»That's Life« von Frank Sinatra

DIE WICHTIGSTEN WINZER/WEINGÜTER:

WEINGUT KARL H. JOHNER, BADEN
WEINGUT BECKER LANDGRAF, RHEINHESSEN
FRANZ HIRTZBERGER, WACHAU
WEINGUT DR. HEGER, MOSEL

MEINE EMPFEHLUNGEN

Zum Kennenlernen:

Grauer Burgunder von Karl H. Johner, ca. 12 Euro (was ein Top-Preis-Leistungs-Verhältnis ist). Der hat mit 13 Prozent schon ordentlich Kraft, ohne butterig zu sein. Schöne Balance ohne tuntige Frucht.

Günstiger Spaß im Glas:

Der Graue Burgunder J² von Becker Landgraf aus Rheinhessen kostet 8 Euro und macht einfach nur Laune für sein Geld. In dieser Preisklasse ungeschlagen.

Die besondere Flasche:

Der Smaragd Pluris von Franz Hirtzberger aus der Wachau. Ca. 33 Euro, aber jeden Cent wert. Der ist auch älter schön, wenn man denn noch eine Flasche kriegt.

SAUVIGNON BLANC –
EXTREMSPORT IN SACHEN WEISSWEIN

ALLGEMEINES:

Der Sauvignon Blanc gehört nicht unbedingt zu meinen Lieblingen. Große weiße Bordeaux, in denen oft Sauvignon Blanc drin ist, trinke ich aber schon gerne. Die sogenannten grünen Noten (z. B. Paprika, grüne Bohnen oder schwarze Johannisbeerblätter) und die spitze Säure machen den Sauvignon Blanc zu einem oft eigenwilligen Wein. Der Spitzenwinzer Didier Dagueneau hat es mal wunderschön auf den Punkt gebracht: »Ich denke, Sauvignon Blanc ist eine der komplexesten und feinsten Rebsorten, aber es ist sehr schwer, diese Komplexität zu extrahieren. Zuerst einmal muss man die Rebe am Überhang hindern, dann ist es schwierig, eine gute aromatische Reife und physiologische Reife gleichzeitig zu haben. Oftmals stimmt der Zuckerpegel, aber die aromatische Reife ist noch nicht erreicht. Das führt zu vegetalen Aromen wie Pfeffer, grüne Bohnen, Lauch und Katzenpisse. Diese Aromen sind natürlich, aber nicht die, welche ich suche. Ich suche Feige, Aprikose, Mango, Passionsfrucht, Grapefruit und Cassis, alle Düfte aromatischer Reife.«

Am besten sollte man im Restaurant mal ein paar alte Sauvignon Blancs probieren, da die dort meist günstiger sind als im Handel. Kräftiger und gut gereift mag ich ihn – wie immer – lieber. Da werden die Aromen komplexer und die Säure tritt dezent ein paar Schritte zurück. Der Sauvignon Blanc darf auch ruhig viel Holz haben. Das steht ihm. Dekantieren macht oft Sinn.

HERKUNFT:

Am besten gefallen mir die Sauvignon Blancs aus Frankreich und der Steiermark. Im Bordeaux entstehen auch schöne Sauvignon Blancs und im Sauternes ist die Rebsorte ebenfalls zur Hälfte drin.

CHARAKTERISTIK:

Jung kommt er mir vor wie ein Halbstarker in der Pubertät. Man ahnt schon hin und wieder, dass da am Ende ein feiner Kerl draus werden kann, aber an den meisten Tagen hat man nur Stress mit ihm. Picklig und unzufrieden halt. Im Idealfall aber mit einer extrem komplexen Exotik.

DAS RICHTIGE GLAS:

Burgunder-Glas

FÜR WEN GEEIGNET?

Sauvignon Blanc ist nichts für Anfänger, wenn sie elegant und klassisch gemacht sind. Einen Sancerre oder die Steirische Klassik aus dem Stahltank sollte man sich für später aufheben. Lag er dagegen im Barrique und bringt er ein bisschen Kraft durch den Alkohol mit, könnten auch unerfahrene Trinker mit dem Wein Freude haben.

ZU WELCHEM ANLASS?

Entweder so saufen oder zum asiatischen Essen.

DER SONG ZUM WEIN:

Legen Sie mal »Suicide Blonde« von INXS zum Sauvignon Blanc ein. Ich verspreche Ihnen, Sie können den Wein dann hören.

DIE WICHTIGSTEN WINZER/WEINGÜTER:

DOMAINE VACHERON, LOIRE
DIDIER DAGUENEAU, LOIRE
WEINGUT TEMENT, STEIERMARK
F. X. PICHLER, WACHAU
CANTINA TERLAN, SÜDTIROL

MEINE EMPFEHLUNGEN

Zum Kennenlernen:

Am besten geht man beim Sauvignon Blanc wahrscheinlich in die Steiermark nach Österreich. Die Weine dort sind nicht billig, versprechen aber den meisten Spaßfaktor mit diesem etwas schwierigen Wein. Die sind halt was für Hedonisten. Empfehlen würde ich den Grassnitzberg Erste STK Lage 2014 vom Weingut Tement (ca. 20 Euro). Reif macht er noch viel mehr Spaß, aber der geht auch jetzt schon gut. Den Wein sollte man allerdings eine Stunde vorher dekantieren und unbedingt ein großes Glas verwenden.

Der Sernau Große STK Lage 2013, ebenfalls vom Weingut Tement, ist für mich immer wieder Exotik pur und ganz weit vorne bei Weißweinen. Wenn der reif wird, ist er legendär. Ca. 30 Euro.

Der Quarz von Terlan aus Südtirol ist auch einer der ganz großen Sauvignon Blancs auf diesem Planeten. Ab 30 Euro.

Der Wachau-Smaragd von F. X. Pichler. Allerdings geht der auch schon wieder Richtung 40 Euro. Altert auch ganz toll.

Günstiger Spaß im Glas:

Der Sancerre von der Domaine Vacheron für 22 Euro. Für mich einer der besten Sancerres. (Richtig gut ist auch der Les Romains vom selben Weingut. Der kostet allerdings auch schon wieder 38 Euro, aber da kracht es richtig.)

Die besondere Flasche:

Für den nächsten Weihnachts-Wunschzettel: eine Flasche Pouilly Fumé Silex von Didier Dagueneau, ca. 120 Euro. Wer den mal reif zu trinken bekommt, erlebt einen Moment der Seligkeit.

Vom selben Winzer: Pouilly Fumé Buisson Renard 2013, ca. 70 Euro.

SANGIOVESE (CHIANTI/BRUNELLO) – AUF JEDER PARTY DER KING

ALLGEMEINES:

Sangiovese ist für mich wie Blut für einen Vampir. Brunellos und Chiantis, die aus der Sangiovese-Traube gekeltert werden, waren meine erste Droge. Ach, was waren das für herrliche Zeiten vor der Jahrtausendwende. Vom Temperament her ist Sangiovese für mich wie Karl Valentin. Zeitlos kühl im Witz. Perfekt zum Essen. Wunderschön, wenn er reifen kann. Und man möge ihn bitte auch in Zukunft elegant lassen, ohne viel Frucht in den Wein zu legen.

Bringt man einen Brunello mit auf eine Party, ist man der King. Brunellos, das weiß jeder, sind gut, aber teuer. Unter 20 Euro ist da nix zu machen. Wer die Traube so wie ich mag und nicht ganz so viel Geld ausgeben möchte, vergnügt sich mit einem Rosso di Montalcino. Das ist der kleine Bruder des Brunellos. Der darf nicht so lange im Bett (Holz) liegenbleiben wie sein großer Bruder, macht aber auch jung getrunken schon Freude.

HERKUNFT:

Der Sangiovese gehört in die Toskana und Umgebung und nicht in superheiße Länder wie Südafrika, wo er dann mit 15 Prozent stramm in der Flasche steht.

CHARAKTERISTIK:

Das ist für mich wie ein schwarzer Schwan, an dem man sich nicht sattsehen kann. Ihm stehen auch Narben gut zu Gesicht, die ja manchmal mit dem Alter kommen. Sangiovese ist wie Blut, saftig und wie rohes Fleisch.

DAS RICHTIGE GLAS:

Burgunder-Glas

FÜR WEN GEEIGNET?

Erfahrene Weintrinker. Vor allem alte Brunellos können Eigenarten entwickeln, die man mögen muss. Typisch für manche ist zum Beispiel eine metallische Note. Das muss man dann schon auch abkönnen. Genau wie der erste Rucksackurlaub: Da braucht man Stehvermögen. Wer sich darüber beschwert, dass die linke Lampe neben dem Bett nicht funktioniert, sollte die Finger vom Sangiovese lassen.

ZU WELCHEM ANLASS?

Festtage

DER SONG ZUM WEIN:

»Purple Rain« von Prince. Eine gewisse Traurigkeit, die begleitet wird von einer unglaublichen Klarheit.

DIE WICHTIGSTEN WINZER/WEINGÜTER:

SIRO PACENTI, TOSKANA

ARGIANO, TOSKANA

FATTORIA SAN GIUSTO A RENTENNANO,
TOSKANA (der Wein heißt Percarlo)

TENUTA CAPARZO, TOSKANA (aber unbedingt reif trinken)

MEINE EMPFEHLUNGEN

Zum Kennenlernen:

Ein Rosso di Montalcino wäre gut, da der auf jeden Fall
reinsortig ist, was beim Chianti ja nicht der Fall ist. Der
Sangioveto di Toscana IGT von Badia a Coltibuono ist,
wenn er reifen darf, genau so, wie ein Sangiovese gehört.
Aber er kostet auch schon 35 Euro, weswegen man mal
schauen sollte, ob der gute Italiener ums Eck nicht zufäl-
lig einen reifen Jahrgang auf der Karte hat. Die sind oft
günstiger, als wenn man im Internet danach sucht.

Günstiger Spaß im Glas:

Von Argiano macht der Rosso di Montalcino für 14 Euro
auch jung schon sehr viel Spaß. Man kann ihm aber auch
gern im Keller noch ein paar Jahre geben.

Die besondere Flasche:

Brunello di Montalcino von Siro Pacenti. Was für eine
unglaubliche Klarheit! Ca. 80–100 Euro.

TEMPRANILLO (RIOJA) –
DER WEIN, DEN EINFACH JEDER MAG

ALLGEMEINES:

Den Spanier mag eigentlich jeder, aber viele, die ihn mögen, haben, glaube ich, noch nie einen richtigen Tempranillo getrunken. Tempranillo ist die Rioja-Traube schlechthin, aber in ganz Spanien zu finden. Die Traube hat eine hohe Säure und altert schön. Leider werden die meisten Tempranillos heutzutage mit 15 Prozent Alkohol und pechschwarz angesetzt. Für mich gehört der Wein elegant, was ihn viel spannender macht.

HERKUNFT:

Aus dem Rioja. Das muss in den letzten Jahren allerdings ordentlich gewachsen sein, wenn man sieht, wie viele Flaschen Rioja mittlerweile produziert werden. Der massive Einsatz amerikanischer Weißeiche sorgt für gefällige Tempranillos mit der typischen dominanten Vanillenote. Das ist ja grundsätzlich nicht verkehrt, solange man nicht das Gefühl bekommt, einen Pudding zu löffeln. Bei den modernen, gut gemachten Tempranillos geht man am besten ins Ribera del Duero. Und wer noch mehr Kraft braucht, holt sich seine Weine aus dem Toro.

CHARAKTERISTIK:

Der ist wie der Typ auf der Party im Karohemd: immer nett, durchaus lustig. Aber hinterher kann sich keiner mehr an ihn erinnern.

DAS RICHTIGE GLAS:

Tempranillo-Glas, Champagner-Glas (ähnelt dem Tempranillo-Glas sehr!), das gilt aber nur für klassisch-elegante Weine. Schwere, alkoholreiche Tempranillos packen wir am besten in einen Sangria-Eimer. Ist der nicht zur Hand, bändigen wir den Wein mit einem großen Burgunder-Glas.

FÜR WEN GEEIGNET?

Den trinken eh schon alle.

ZU WELCHEM ANLASS?

So wie der Wein leider ein bisschen beliebig.

DER SONG ZUM WEIN:

»Disco 2000« von Pulp. Da sind alle fröhlich.

DIE WICHTIGSTEN WINZER/WEINGÜTER:

BODEGAS ARTADI, RIOJA
PESQUERA, RIBERA DEL DUERO
MARQUÉS DE MURRIETA, RIOJA

MEINE EMPFEHLUNGEN

Zum Kennenlernen:

Beim Rioja würde ich immer die Bodegas Artadi empfehlen. Für mich ist das eines der besten Weingüter im Rioja. Zum Einsteigen ins Thema reicht der Tempranillo, der ca. 11 Euro kostet. Weiter macht man dann vielleicht mit einem Vinãs de Gain vom selben Weingut. Da sieht man dann schon, was bei einem Tempranillo möglich ist. Nach oben gibt es bei Riojas keine Grenze in Sachen Qualität und Preis.

Im Ribera del Duero ist der Pesquera immer eine gute Wahl. Da reicht der Crianza aus (ca. 17–20 Euro). In einem Weinladen mit einem ordentlichen Spanien-Sortiment fehlt der Pesquera nie.

Günstiger Spaß im Glas:

Da gehen wir ins Toro. Für mich ist der Vetus, was Preis-Leistungs-Verhältnis und Spaßfaktor angeht, der Hit. Gut 21 000 Flaschen jährlich werden davon nur produziert. Kostenpunkt: schlanke 13–14 Euro.

Die besondere Flasche:

Wer gerne schmecken will, wie die Weine im Rioja früher waren, sollte sich mal einen reifen Ygay von Marques de Murrieta besorgen (am besten einen von vor 2001). Außerdem hat der Gran Reserva für mich eines der schönsten Weinetiketten ever.

RIESLING –
DIE LADY GAGA UNTER DEN WEINEN

ALLGEMEINES:

Der Riesling ist die Lieblingstraube der meisten Sommeliers. Meine nicht, denn ich vertrage nicht so viel Säure.
Und wenn ich sehe, wie viele Magentabletten viele Sommeliers einwerfen, dann glaube ich, dass es denen nicht
so viel anders geht. Wer kann denn schon eine Flasche
Essig trinken, ohne dass es im Magen schäumt?
Beim klassischen Riesling bin ich daher keine so große
Hilfe. Mein Liebling in die trockene Richtung kommt
aus der Wachau: der Spitzer Singerriedel Riesling Smaragd von Franz Hirtzberger. Sollten auch Sie Probleme
mit Säure haben, ist vielleicht die folgende Empfehlung
etwas für Sie: Probieren Sie mal restsüße Rieslinge von
der Mosel. Die Rieslinge sind runder, wie ein perfekt
abgeschmecktes Salatdressing, wo der Essig nicht mehr
raussticht. Aus der restsüßen Mosel-Ecke kann man eigentlich alles trinken, worauf man Lust hat.
Als Sekt finde ich Riesling mittlerweile super. Da schiebt
ja jetzt auch jeder Winzer einen auf den Markt.

HERKUNFT:

Ich denke Österreich, Deutschland und das Elsass sind
Endspiel-Kandidaten bei der Riesling-WM.

CHARAKTERISTIK:

Der Riesling ist die Lady Gaga unter den Weinen. Was soll man da sagen? Viele Hits, aber wenig, was hängenbleibt. Restsüß von der Mosel trinkt man die beste natürliche Limonade, die es gibt. Und die hat auch nicht so viel Alkohol (oft nur 8 oder 9 Prozent).

DAS RICHTIGE GLAS:

Champagner-Glas

FÜR WEN GEEIGNET?

Für Kenner. Weinanfänger, bitte lasst die Finger vom Riesling!

ZU WELCHEM ANLASS?

Lieber zum Essen trinken, wegen der Säure.

DIE SONGS ZUM WEIN:

»Go« von Moby, »Love Will Tear Us Apart« von Joy Division, »Jeannie« von Falco. Eine gewisse Leichtigkeit, Fröhlichkeit, aber mit der Zeit auch fordernd.

DIE WICHTIGSTEN WINZER/WEINGÜTER:

EGON MÜLLER IST DER RIESLING-KÖNIG (aber deswegen mittlerweile auch sehr teuer)

J. J. PRÜM, MOSEL
FRANZ HIRTZBERGER, WACHAU
WEINGUT KNOLL, WACHAU
F. X. PICHLER, WACHAU
RUDI PICHLER, WACHAU

MEINE EMPFEHLUNGEN

Zum Kennenlernen:

Die gute Nachricht: Es gibt viel zu viele Riesling-Winzer, die man empfehlen kann, auch im günstigen Bereich. Für Einsteiger empfehle ich den Zeltinger Sonnenuhr Kabinett vom Weingut Molitor. Ca. 12–15 Euro.

Günstiger Spaß im Glas:

St. Antony Riesling Rotschiefer, ca. 11 Euro. Das ist ein schöner, unkomplizierter Wein aus Rheinhessen, der auch nicht so anstrengend in der Säure ist wie andere junge Rieslinge.

Die besondere Flasche:

Von J. J. Prüm alles, was es an Kabinett gibt, egal was. Und unbedingt reifer trinken, wenn Sie ihn finden. Ca. 15–30 Euro.

Der Scharzhofberger ist der kleinste Wein von Egon Müller, aber schon sehr gut. Ca. 25 Euro.

Nicht billig, aber einzigartig ist der fruchtsüße Saarburger Rausch Riesling Auslese Goldkapsel von Forstmeister Geltz Zilliken. Ca. 46 Euro (0,375 l).

CABERNET SAUVIGNON –
WIE NAPOLEON MIT DER HAND IM FRACK

ALLGEMEINES:
....

Cabernet Sauvignon? Kenn ich, hab ich schon mal getrunken. Nee, nicht ganz. Was sich einfach anhört, ist in Wirklichkeit komplizierter. Die Traube ist die wohl bedeutendste Rebsorte der Welt, die auch überall gedeiht, doch reinsortig ist sie schwer zu beherrschen. Es sei denn, man schaut nach Kalifornien. Meist wird der Cabernet Sauvignon daher verschnitten. Zum Beispiel mit Merlot, aber auch mit Cabernet Franc. Wenn dabei das kräftige Tanningerüst (die Kerne vom Cabernet Sauvignon sind sehr tanninreich) gut gehalten wird, entstehen richtig große Weine.

HERKUNFT:
....

Neben dem Bordeaux ist der Cabernet Sauvignon mittlerweile in der ganzen Welt daheim. Wenn er zu viel Hitze abbekommt, ist er mir aber oft zu nett, zu weichgespült. Lediglich ältere Cabernets aus Kalifornien verdauen Hitze erstaunlich gut. Vor allem, wenn die Weine aus Howell Mountain kommen. Aber die besten kommen dennoch aus Frankreich. Im Bordeaux stechen vor allem die Regionen Pauillac, Saint-Estèphe und Saint-Julien hervor. Auch aus der Toskana kommen Superverschnitte mit Merlot, die aber leider oft zu teuer sind.

CHARAKTERISTIK:

Der Cabernet Sauvignon ist wie Napoleon mit der Hand im Frack. Gradlinig, klare Kante, schweigsam. Wenn nötig brutal. Die Noten, die sich am häufigsten im Cabernet Sauvignon finden, sind schwarze Johannisbeere und Bleistift.

DAS RICHTIGE GLAS:

Bordeaux-Glas

FÜR WEN GEEIGNET?

Den trinkt der Bachelor, bevor er die Rosen verteilt. Der kommt immer gut an.

ZU WELCHEM ANLASS?

Vertragsunterzeichnung

DER SONG ZUM WEIN:

»Stairway to Heaven« von Led Zeppelin

DIE WICHTIGSTEN WINZER/WEINGÜTER:

WEINGUT LEBERL, BURGENLAND
CASA CARPINETO, TOSKANA

MEINE EMPFEHLUNGEN

Zum Kennenlernen:

Auf nach Italien, und zwar in die Nähe von Florenz. Dort gedeiht der Farnito von Carpineto. Der ist jetzt schon gut, lässt sich aber sicher auch gut lagern. Ca. 18 Euro.

Günstiger Spaß im Glas:

Die besten Cabernet Sauvignons mit einem ordentlichen Preis-Leistungs-Verhältnis findet man in Südafrika. Probieren Sie einfach mal etwas aus, gerne reifer.

Die besondere Flasche:

Josef Leberl aus Österreich macht einen tollen Cabernet Sauvignon, der gar nicht mal so teuer ist (ca. 18 Euro). Mittlerweile wird der allerdings auch mit Merlot verschnitten, aber ein paar alte, reinsortige von ihm findet man schon noch.

SYRAH –
DER ALTE MANN MIT DER LEDERTASCHE

ALLGEMEINES:

Der Syrah war für mich früher immer zu anstrengend und ich habe ihn wohl auch nicht so gut vertragen. Warum genau, weiß ich nicht. Da bin ich wie ein kleines Kind, das halt was nicht mag, aber eigentlich auch nicht sagen kann, warum. Viele mögen Syrah dagegen von Anfang an, vor allem die fetten, gefälligen. Ich denke, das liegt aber nicht am Syrah, sondern daran, dass der Wein mit 15 Prozent eben auch ordentlich knallt. Reif und elegant ist der Syrah ein genialer Begleiter zum Essen. Mit »elegant« meine ich in diesem Fall nicht hell – das gibt ein Syrah meist gar nicht her –, sondern eher ausgewogen. Wo sich eben alles am rechten Fleck befindet. Wenn ich bei meinen Weindinnern einen alten Syrah aufmache, tippen die meisten erst mal auf einen Merlot. Daran erinnert er mich auch oft.

HERKUNFT:

Die tollsten Syrahs kommen aus der Rhône und nennen sich Hermitage. Reif sind die für mich mit Abstand das Größte. Leider sehen das viele andere auch so und die Preise schießen wie eine Silvesterrakete in den Himmel.

CHARAKTERISTIK:

Gut gemacht ist der Syrah der alte Mann mit der Ledertasche. Der hat was erlebt. Der stört sich nicht an irgendwelchen Moden. Der hat seinen eigenen Stil und eine gewisse Grandezza. Der ist so interessant, dass man gerne mit ihm den Abend verbringt und hört, was er zu erzählen hat.

DAS RICHTIGE GLAS:

Burgunder-Glas

FÜR WEN GEEIGNET?

Unspezifisch. Zum Syrah muss jeder selbst hinfinden. Da gehört ein bisschen Lebenserfahrung dazu.

ZU WELCHEM ANLASS?

Es drängt sich keiner auf.

DER SONG ZUM WEIN:

»A New Day Yesterday« von Jethro Tull

DIE WICHTIGSTEN WINZER/WEINGÜTER:

WEINGUT DRAXLER, BURGENLAND
DOMAINE JEAN-LOUIS CHAVE, RHÔNE
WEINGUT KNIPSER, PFALZ

MEINE EMPFEHLUNGEN

Zum Kennenlernen:
Ich würde mit einem Hermitage von der Rhône anfangen. Da gibt es Einsteigerweine zwischen 10 und 20 Euro, mit denen man sich prima an das Thema Syrah herantasten kann.

Günstiger Spaß im Glas:

Im günstigen Bereich würde ich zum Syrah vom Weingut Draxler aus dem Burgenland greifen. Der hat bereits eine erstaunliche Tiefe. Ca. 12 Euro.

Die besondere Flasche:

Ganz weit vorne für mich ist der Syrah von Knipser aus Deutschland. Da kostet eine Flasche zwar ca. 70 Euro, aber der ist genial. Wahnsinnige Säure, die dennoch vom Holz, das man kaum spürt, festgehalten wird. Dazu reife Sauerkirsche. Nicht leicht zu trinken, aber ein absolutes Weinerlebnis.

Ganz großartig ist auch der Hermitage von der Domaine Jean-Louis Chave. Die Flasche kostet leider sagenhafte 200 Euro, ist aber umwerfend. Als würde man das Beste aus dem Bordeaux und dem Burgund zusammenschütten.

BLAUFRÄNKISCH – EIN SUPER TRINKWEIN, DER KEINE MUSKELN BRAUCHT

ALLGEMEINES:

Den Blaufränkischen mag ich gerne. Wenn er nicht zu viele Muskeln hat, ist das ein superschöner Trinkwein zum Essen. Der schmeckt auch im Sommer, ein bisschen runtergekühlt, richtig gut. Ebenfalls ein dickes Plus: Beim Blaufränkischen gibt es auch schon für kleines Geld gute

Qualität. Überhaupt sind es hier oft die günstigeren Weine, die mir besser gefallen. Ich mag ihn einfach und elegant gemacht. Es gibt ihn aber auch schon als Marmelade. Wegen der Bewertung halt.

HERKUNFT:

Der Blaufränkische ist im Burgenland zu Hause. Die besten Lagen, wo er am typischsten schmeckt, sind Eisner und Leithaberg, aber es gibt noch viele andere gute Lagen dort.

CHARAKTERISTIK:

Wie Kirsch-Capri-Sonne fürs Kind an einem heißen Tag. Oder wie der erste Schluck Wasser nach dem Sport. Belebend. Der fließt den Gaumen runter und löscht den Durst.

DAS RICHTIGE GLAS:

Burgunder-Glas (aber ausprobieren)

FÜR WEN GEEIGNET?

Jedermann

ZU WELCHEM ANLASS?

Der perfekte Tischwein für den Garten, Geburtstage und sogar Weihnachten

DER SONG ZUM WEIN:

»Crimson and Clover« von Tommy James and the Shon-dells. Flasche auf, ins Glas kippen und endlich entspannen.

DIE WICHTIGSTEN WINZER/WEINGÜTER:

WEINHOF BAUER-PÖLTL, BURGENLAND

THOMAS SCHWARZ, BURGENLAND

UWE SCHIEFER, BURGENLAND

MEINE EMPFEHLUNGEN

Zum Kennenlernen:

Thomas Schwarz vom Kloster am Spitz im Burgenland hat mit seinem Leithaberg DAC einen Wein gemacht, bei dem richtig viel passiert. Ca. 15–20 Euro.

Der Blaufränkisch Glorienstein von Josef Leberl aus dem Burgenland ist ein Wein, den ich mir auch gerne in den Keller lege, um ihn reifen zu lassen. ca. 20 Euro.

Günstiger Spaß im Glas:

Das Weingut Bauer-Pöltl macht einen tollen Hochäcker DAC. Ca. 10 Euro.

Die besondere Flasche:

Einer meiner Lieblinge unter den Blaufränkischen ist der Blaufränkisch vom Lehm DAC Reserve. Ein toller Wein, wie er gehört. Ca. 17 Euro.

Und wer es schafft, einen reifen Blaufränkisch Juwel aus dem Jahr 2002 oder aus anderen Jahrgängen zu bekommen, der wird verstehen, was ich mir unter einem guten Wein vorstelle. Ab ca. 40 Euro.

WEITERE TRAUBEN UND WEINE IM SCHNELLDURCHLAUF

LAGREIN

Der Lagrein kommt aus Südtirol. Immer wenn ich in einem Lokal nichts auf der Weinkarte finde, schaue ich, ob es einen Lagrein gibt. Da bin ich selten enttäuscht worden. Und das Preis-Leistungs-Verhältnis stimmt auch. Der Lagrein erinnert mich an meine Kindheit, als ich schwarze Kirschen direkt vom Baum genascht habe. Mein absoluter Liebling ist der Lagrein Riserva von Muri-Gries (ca. 26 Euro). Ganz viel Wein fürs Geld gibt's mit dem Lagrein von der Cantina Terlan (ca. 12 Euro). Sehr gut finde ich auch den Lagrein von Giorgio Grai für ca. 16 Euro. Es gibt auch teurere Lagreins, die fetter sind und fast schon Richtung Amarone gehen. Aber wir wollen ja Wein trinken und keinen Rumtopf leermachen. Zum Essen macht der Lagrein eine bessere Figur als solo.

MERLOT UND SEINE FREUNDE

Der Merlot ist ein Charmeur, wenn er Lust hat. In Frankreich sollte man ins Pomerol und nach Saint-Émilion schauen, in Italien ins Friaul. Aus diesen drei Regionen mag ich den Merlot am liebsten. Ich weiß nicht genau, warum das so ist, aber: Ich kenne wenige Frauen, die einem Merlot nicht sofort verfallen, wenn er mal ausgereift ist. Probieren Sie es beim nächsten Candlelight-Dinner doch mal aus.

Merlot schmeckt alleine auch gut, aber in mancher Kombination, wie zum Beispiel mit Cabernet Franc, entstehen Weine, die einen verändern können. Beispielsweise im Pomerol der Château Lafleur, der genau so eine Mischung aus Merlot und Cabernet Franc ist. Wenn dieser Wein noch eine gewisse Reife in der Flasche genossen hat, dann ist das unglaublich toll. Man kann sich gar nicht vorstellen, wie einen das in der Seele trifft.

Ich habe selten bei einem Wein geweint, doch beim Lafleur, da kommen einem schon mal die Tränen. Klar kostet der richtig Geld, aber wenn man Glück hat, wird man eingeladen. Mir ging es so und ich habe mich einfach darüber gefreut. Ich bin mir nicht sicher, ob es so was wie den Lafleur noch ein zweites Mal gibt auf der Welt. Wenn der nicht so teuer wäre, wäre es der Wahnsinn. Eine Flasche kostet zwischen 500 und 600 oder mehr Euro. Allerdings muss man auch bedenken, wie viel Arbeit die Leute auf diesem Weingut in den Wein reinstecken. Das Wort »selektieren« ist schnell in die Werbebroschüre geschrieben, aber hier wird das wirklich mit den Trauben gemacht. Das Ergebnis sind etwa

1000 Kisten Wein. Ohne den hohen Qualitätsanspruch könnte man aus der Anbaufläche sehr viel mehr rausholen. Diese 1000 Kisten müssen die Arbeit eines ganzen Jahres bezahlen. Wenn man dann sieht, dass manch großer Bordeaux, der genauso viel kostet, 20 000 Kisten abwirft, dann sollte man einfach nur glücklich sein, dass man so was mal trinken durfte.

Ich bin es auf jeden Fall.

SÜSSWEIN

Den Süßwein sollte man nicht versäumen. Kennen Sie das Gefühl, wenn man jemandem auf der Straße begegnet, sich in die Augen schaut, dann weitergeht und sich später ärgert, dass man ihn oder sie nicht angesprochen hat? So ist das mit dem Süßwein. Ich habe mich irgendwann getraut, den Süßwein anzusprechen, und mittlerweile pflegen wir beide eine gute Freundschaft. Die hat zwar Höhen und Tiefen, aber so ist das nun mal im Leben. Wenn's mal nicht so läuft, muss man sich nicht gleich für immer trennen.

Mittlerweile serviere ich Süßweine auch einfach so als Tischweine. Neulich hatte ich das Glück, einen Sauternes von 1955 zu trinken und eine Woche später einen von 1983. Da wurde mir erst richtig bewusst, wie toll so was auch im Alter schmecken kann. Vor allem jung haben Süßweine eine Menge natürlichen Zucker, den man im Alter aber gar nicht mehr so rausschmeckt. Dann entdeckt man erst die ganzen Aromen, die hinter der betörenden Süße stecken. Das riecht dann oft nach Kaffee. Man kann aber sogar einen Wein erwischen, in dem sich

Earl-Grey-Noten, begleitet von Orangen und Bergamotte in Butterkaramell finden. Von der Farbe sollte man sich beim Süßwein nicht schrecken lassen, das kann von Bernstein bis Karamell gehen.

Ich glaube, wer viel Süßes isst, der kann und mag nicht auch noch süß trinken. Ich persönlich esse sehr wenig Zucker, weshalb ich ja ab und an auch die restsüßen Rieslinge von der Mosel so mag. Oder eben einen schönen Süßwein zum Käse. So spare ich mir auch gleich die Mühe, das Mango-Papaya-Chutney anzurühren. Auch beim Süßwein gilt: Ruhig mal wieder was Verrücktes machen und den Bauch entscheiden lassen, nicht die Vernunft.

AGLIANICO

Ein Aglianico muss sitzen wie ein Brioni-Anzug. Und das tut er oft auch! Zu Hause ist der Süditaliener vor allem in Kampanien. Die Rebsorte ist schon mehr als 2000 Jahre alt. Der Wein hat eine schöne, hohe Säure, ist er gut gemacht, hat er die aber gut im Griff. Trotz seiner Kraft entwickelt er eine gewisse Geschmeidigkeit. Ein toller Wein zu gegrilltem Fleisch. Auch hier findet man leider den Trend zur Trinkschokolade. Wegen der Bewertung halt.

NEUBURGER

Der Neuburger ist eine Rebsorte aus Österreich, die sehr unterschätzt wird. Neuburger sind wie Barry White. Besonders toll sind die aus der Wachau, die als Smaragd daherkommen – so wird die höchste Qualitätsstufe dort

genannt. Woanders in Österreich schlägt sich der Neuburger aber auch ganz beachtlich. Die Weine können super altern und sind meist günstiger als Veltliner.

CABERNET FRANC

Der Cabernet Franc ist für mich wie kalt gerührte Bit-
terschokolade. Es gibt ihn selten reinsortig, außer in Italien im Friaul, wo er mir durch die kalten Nächte, die er
dort abbekommt, am besten gefällt. Im Bordeaux wird der
Cabernet Franc fast immer verschnitten. Wenn es kein
Massenprodukt ist, ist die Mischung Cabernet Franc und
Merlot halb und halb oft göttlich.

NEBBIOLO BAROLO

Der Nebbiolo lebt vor allem im Piemont. Die Region liegt
im Nordwesten Italiens und grenzt an Frankreich und
die Schweiz. Dass den Nebbiolo kaum jemand kennt, liegt
daran, dass die Traube vor allem unter dem Namen Barolo bekannt geworden ist. Weitere Nebbiolo-Weine sind
Barbaresco, Roero oder Nebbiolo d'Alba. Wegen ihres hohen Tanningehalts brauchen Nebbiolos viel Zeit.

Natürlich gibt es noch so viel mehr zu entdecken, aber
das machen wir ein anderes Mal. Für den Anfang sollten
diese Trauben Ihnen reichen, um einen eigenen Weingeschmack zu entwickeln und Ihre eigenen Vorlieben beim
Wein entdecken zu können.

WELCHER WEIN FÜR WELCHEN ANLASS?

Mit den nachfolgenden Listen will ich Ihnen die Möglichkeit geben, schnell mal Weine nachzuschlagen, ohne dass Sie sich durch sämtliche Beschreibungen durchackern müssen. Welche Rebsorten sind geschmacklich und finanziell partytauglich? Welche Weine serviert man zu einem romantischen Dinner? Wo sucht man nach Weinen für die Festtage an Weihnachten? Welche Weine gehen jeden Tag? Und welche sollte man ein Mal in seinem Leben getrunken haben?

WEINE FÜR JEDEN TAG – GUTE WEINE FÜR KLEINES GELD

WEISS

- Grüner Veltliner Kies von Kurt Angerer, ca. 8 Euro. Ein schöner Veltliner, wie man ihn sich vorstellt.
- Grauburgunder vom Weingut Becker Landgraf aus Rheinhessen, ca. 8 Euro. Da hat man einen einfachen, guten Weißwein, der auch noch am nächsten Tag schmeckt.
- Riesling Bockgärten vom Weingut Weinrieder aus Poysdorf (Österreich), ca. 8 Euro. Einfach ein toller Riesling, der für den Preis nicht langweilig ist.

ROT

- Vetus Toro, ca. 13 Euro. Ein dunkler Spanier, der trotz seiner Kraft immer noch schön laufen kann.

- Zweigelt Alte Reben von Josef Leberl, Burgenland, circa 8 Euro. Ein schöner saftiger Rotwein, bei dem alles stimmt, sogar der Preis.
- Sankt Laurent Muschelkalk vom Weingut Becker Landgraf, ca. 18,50 Euro. So schön fruchtig und nicht so schwer. Wie Samt zum Trinken.
- Herzschlag vom Weingut Bergdolt-Reif & Nett aus der Pfalz, ca. 11 Euro. Herzschlag heißt der Wein, und den spürt man auch bei diesem schönen Roten aus Deutschland.

FESTTAGSWEINE FÜR DIE FAMILIENTAFEL

Kurz vor Weihnachten rufen sie alle immer an: Thomas, welchen Wein soll ich denn zur Gans servieren? Folgende Bandansage spreche ich mir dieses Jahr auf die Mailbox, dann muss ich mich nicht immer wiederholen: »Zur Gans mit Blaukraut und Knödeln würde ich immer einen Wein mit guter Säure nehmen, rot natürlich. Da das Essen ziemlich schwer ist, hebt die Säure das Ganze ein bisschen. Gut passen da ein Syrah von der Rhône, ein Grenache, ein Nebbiolo oder ein Aglianico. Bitte keinen fetten Amarone und auch keinen marmeladigen Bordeaux. Wer die zur Gans serviert, der kann sich gleich nach dem ersten Glas und der ersten Keule ins Bett legen. Falls es mal nur Kassler mit Kraut oder Würstchen an den Feiertagen gibt, oder eine Haxe vom Kalb oder ein Schwein, kann es ruhig ein kräftiger Riesling oder ein knackiger Sauvignon Blanc sein. Die passen oft besser als Bier, auf das mancher in seiner Not ausweicht. Zum Fisch, egal welchen, finde ich immer gute Chardonnays und Smaragd-Veltliner toll. Oder auch mal einen weißen Bordeaux sowie einen kräftigen Riesling.«

DINNER FOR TWO – WEINE,
UM IN STIMMUNG ZU KOMMEN

Meine unschlagbare »Dinner For Two«-Weinkombi lautet: Champagner + Merlot. Die müssen bei einem romantischen Dinner einfach dabei sein. Braucht man weiße Weine, würde ich zu einem guten Chardonnay oder Sauvignon Blanc greifen.

DIE EMPFEHLUNGEN:

- Champagne Jacques Selosse Rosé, ca. 120 Euro
- Champagne Ayala Blanc de Blanc 2008, 62 Euro
- Chardonnay Tiglat von Velich, Burgenland, ca. 50 Euro
- Sernau Sauvignon Blanc vom Weingut
  Tement, Steiermark, ca. 28 Euro
- Merlot Ros di Buri von der Kellerei
  Davino Meroi, Friaul, ca. 30 Euro
- Der Carnasciale von Podere Il Carnasciale (Zweitwein
  vom legendären Il Caberlot), Toskana, ca. 45 Euro

Wenn Geld keine Rolle spielt oder es der Abend einem wert ist, kann man mit diesen Weinen auch noch ein paar Qualitätsstufen höher gehen:

- Château Cheval Blanc 1983, Bordeaux
  (Saint-Émilion), ab 350 Euro
- Krug-Champagner aus den Jahren
  1988 oder 1996, ab 160 Euro
- Riesling Auslese Scharzhofberg von Egon
  Müller, Mosel, ab 25 (reif deutlich teurer)
- Château Latour 1990, Bordeaux (Médoc), ab 500 Euro

- Château Lafleur 1998, Bordeaux (Pomerol), ca. 400 Euro
- ein guter weißer Bordeaux aus dem Jahr 2007

PARTYWEINE – WEINE, DIE JEDEM SCHMECKEN

- Grüner Veltliner Sandgrube, Privatfüllung vom Weingut Aigner, Kremstal in Österreich, ca. 13 Euro. Das ist toller kräftiger Weißwein, den man mit oder ohne Essen den ganzen Abend lang trinken kann. Und danach schläft man auch gut, selbst wenn es ein Glas zu viel war.
- St. Antony Riesling Rotschiefer, ca. 11 Euro. Das ist ein schöner, unkomplizierter Wein aus Rheinhessen, der auch nicht so anstrengend in der Säure ist wie andere junge Rieslinge.
- Simonsig Kaapse Vonkel Brut Sparkling Wine, Südafrika, ca. 12 Euro. Der perfekte Sekt für jede Party. Für den Preis bekommt man einen hohen Spaßfaktor. Wegen seiner milden Säure hält man mit dem Simonsig auch lang durch.
- Domus Petri vom Weingut Bauer-Pöltl, Burgenland, ca. 11 Euro. Keine Party ohne einen Schuss Blaufränkischen. Hier kommt er als gefällige Cuvée im Verschnitt mit Merlot und Zweigelt daher. Nie langweilig.

....

WEINE, DIE MAN IN SEINEM LEBEN GETRUNKEN HABEN SOLLTE (VON 20 BIS 1000 EURO)

....

Diese Liste ist so etwas wie mein persönliches Weinvermächtnis. Die Weine oder Winzer, die Sie hier finden, sind besonders – für mich. Sie haben mich beeindruckt, verändert und mein Leben bereichert. Ob sie das auch für Sie tun könnten? Wer weiß. Vielleicht gibt es ja die eine oder andere Flasche, die Sie anlacht und von der Sie glauben, dass Sie beide es mal miteinander versuchen sollten. Mich würd's freuen, wenn es klappt. Eine Garantie gibt es beim Wein wie in der Liebe leider nicht. Wenn Sie bei einem Händler nicht fündig werden, schauen Sie doch ruhig mal in alteingesessenen Restaurants mit einem guten Weinkeller nach. Manchmal haben die diese großen Weine auf der Karte. Und die kosten dann auch kaum mehr als beim Händler oder in der Auktion. Ich habe die Weine nicht sortiert, sondern sie einfach so aufgeschrieben, wie sie mir in den Sinn gekommen sind. Diese Liste ist also kein Ranking. Jeder dieser Weine, egal wie teuer, hat etwas Besonderes.

- Merlot Ros di Buri von der Kellerei Davino Meroi, Toskana, ca. 30 Euro

- Grüner Veltliner Smaragd Honivogl von Franz Hirtzberger aus der Wachau, die Jahrgänge 1999 oder 2010 wären genial. Vielleicht findet man noch welche im Lokal, sonst ab 60 Euro.

- Mosel-Weine von Egon Müller aus Deutschland. Egal welche. Der Jahrgang 1999 ist momentan super.

- L'Ermita 1996 von Alvaro Palacios, Priorat, ca. 250 Euro

- Chardonnay Tiglat von Velich, Burgenland, ca. 50 Euro

- Pinot aus Vosne-Romanée, Burgund, ab ca. 20 Euro

- Champagner von Jacques Selosse, egal, was Sie in die Finger kriegen.

- Dominus 1994 von Christian Moueix, Kalifornien, circa 280 Euro

- Hermitage von der Domaine Jean-Louis Chave, Rhône, ca. 180 Euro

- Veltliner Smaragd Kellerberg 2001 von F. X. Pichler aus der Wachau (für mich momentan der beste Veltliner, den ich kenne). Schwer zu kriegen, neuere Jahrgänge kosten ca. 66 Euro.

- Riesling Singerriedel Smaragd 2005 von Franz Hirtzberger (einer der besten trockenen Rieslinge für mich), Wachau, ca. 80–90 Euro

- 1986er Château Mouton Rothschild, Paulliac, ca. 350 Euro

- Champagner von Bollinger aus dem Jahr 2002, egal, ob weiß oder rosé, ca. 90 Euro

- Il Caberlot von Carnasciale, Toskana (aber reif und aus großen Gläsern im Bordeaux-Stil, und nur bis zum Jahr 2007), ca. 200 Euro

- Chablis Les Clos 2007 von Vincent Dauvissat, Burgund, ab 170 Euro

- Château Lafleur (aber mindestens 15 Jahre alt, gerne auch schwächere Jahrgänge), Bordeaux (Pomerol), ca. 350 Euro

- 1983er Château Cheval Blanc, Bordeaux (Saint-Émilion), ca. 350 Euro

- Château Latour (mindestens 20 Jahre alt, 1971 ist auch supergut), Bordeaux (Médoc), ca. 450 Euro. Wer das Geld nicht ausgeben will, probiert einen Les Forts de Latour von 1996 oder 2000, ca. 150 Euro.

- Château Margaux 1999, Bordeaux (Médoc), ca. 330 Euro

- Haut-Brion, aber unbedingt mindestens 20 Jahre alt, Bordeaux (Pessac-Léognan), ab 250 Euro

- Ein richtig alter Sauternes, für den sind 50 Jahre kein Problem. Wer keinen alten (ab 200 Euro) findet, nimmt den 2001er Sauternes vom Château Rieussec aus dem Bordeaux, ca. 75 Euro (0,375l).

- Reifer Barolo von Bruno Giacosa, Piemont, ab 130 Euro

- Gaja Sperss aus dem Piemont, der Jahrgang 1997 ist einzigartig, ca. 250 Euro, aber kaum noch zu bekommen. Andere Jahrgänge kosten ab 90 Euro (0,375l).

- Wer es sich leisten kann: La Tache 2003 von der Domaine de la Romanée-Conti, Burgund, ab ca. 1000–1500 Euro

- Château Pichon Longueville Baron 1989 aus dem Bordeaux, nur noch schwer zu kriegen, ca. 220 Euro

- 1998er Bordeaux aus Pomerol oder Saint-Émilion

- 2003er Château Montrose (eine moderne Legende – jetzt kaufen, in fünf Jahren trinken), Bordeaux, ab 200 Euro

- Chevalier Montrachet 2005 von der Domaine Leflaive (das ist für mich einer der besten Weißweine ever – als hätte man dem Teufel die Hand geschüttelt), Burgund, circa 400 Euro

- L'Eglise 1985 vom Château Clinet aus dem Pomerol, circa 370 Euro

- 1990er vom Château La Conseillante aus dem Pomerol, ab 300 Euro

- Ein Bordeaux aus dem Jahr 1982. Das Château Talbot ist momentan super und noch bezahlbar, ab 170 Euro.

- Unbedingt ein reifer Roter vom Château Léoville las Cases aus Saint-Julien

- Ein roter Burgunder von Emmanuel Rouget, ab ca. 30 Euro

- Ein Wein von Georges Roumier aus dem Burgund, egal was, ab ca. 100 Euro

- Und natürlich ein Mal einer der roten Burgunder von Coche-Dury, die im Schatten seines unglaublichen Corton-Charlemagne und seiner Meursaults stehen, aber gut und vergleichsweise günstig sind, ab ca. 80 Euro.

....

NACHLESE

....

Ich hoffe, Ihnen hat dieses Buch etwas Spaß gemacht und Sie haben das eine oder andere über Wein gelernt, was Sie bisher nicht wussten. Vielleicht – und das würde mich sehr freuen – trinken Sie Wein in Zukunft sehr viel bewusster, spielen ein bisschen mit Temperatur und Gläsern, legen sich auch mal einen guten Roten in den Keller oder ins Schlafzimmer und lassen ihn dort fünf oder sechs Jahre liegen. Vielleicht trauen Sie sich ja sogar an einen teureren Wein ran, egal, ob der Sie dann umhaut oder nicht. Tut er's: perfekt. Tut er's nicht, haben Sie wenigstens die Gewissheit, dass Sie nichts verpassen, wenn Sie es sich weiterhin mit »kleinen« Weinen gemütlich machen. Hauptsache, es schmeckt und Sie sind glücklich mit Ihrem Wein.

»UND EINS NOCH, LEUTE: NEHMT DIE SACHE MIT DEM WEIN NICHT IMMER SO ERNST.«

ANMERKUNGEN

1. Im Kühlschrank, wo dauernd die Tür auffliegt, geht immer das Licht an. Nicht gut für den Wein. Außerdem wird der Wein bewegt. Wenn er im Kühlschrank liegt, ist es nicht ganz so schlimm. Wenn er in der Tür steht, wird er jedoch richtig durchgeschüttelt. Das sollte nicht sein.

2. Bitte trinken Sie nie, wenn Sie Probleme haben. Pinot Noir zum Beispiel wirkt wie ein Medikament gegen Depressionen. Davon wirst du abhängig, kommst nicht mehr davon los. Ich persönlich trinke nie, wenn ich schlecht drauf bin.

3. Das gilt natürlich auch umgekehrt. Seien Sie nicht sauer, wenn Sie für einen Freund oder eine Freundin Ihren Lieblingswein öffnen und der schmeckt dem- oder derjenigen nicht. Ist doch nicht schlimm, dann bleibt mehr von dem guten Wein für Sie über!

4. Ein aufmerksamer Leser wird an dieser Stelle aufschreien, dass ich zuvor doch gesagt habe, man solle keinen Wein trinken, der einem nicht schmeckt. Richtig. Aber wer Wein entdecken will, der muss sich damit auseinandersetzen.

5. Vorausgesetzt, das Gulasch wird klassisch mit einer hellen Sauce, also ohne Tomatensauce, angesetzt. Dunkle Saucen schafft ein Weißwein nicht.

6. Heute sehe ich mich als der Schuhverkäufer unter den Weinsommeliers. Ich verkaufe den Leuten nur noch den Schuh, der ihnen passt und mit dem sie gut laufen können. Selbst wenn ein anderes Model schöner am Fuß aussieht. Wenn es an der Ferse zwickt und der Kunde in dem Schuh nicht schmerzfrei laufen kann, dann kommt er nie wieder zu mir in den Laden. Mit Wein funktioniert es genauso.

7. Keine Angst, Sie brauchen weder Klimaschrank noch Riedel-Glas, um Spaß mit Wein zu haben. Beides schadet zwar nicht, aber man muss eben auch wissen, wie man es richtig einsetzt.

8. Gérard Perse ist der Besitzer des Château Pavie, welches er, neben anderen Weingütern, 1998 kaufte.

9. Jancis Robinson ist 66 Jahre alt.

10. Mittlerweile gibt es auch immer mehr Weine, die nach dem Öffnen durchgängig gleich schmecken, egal ob sie eine Stunde offen stehen oder nicht. Solche gezüchteten Weine machen mir persönlich Angst, weil sie ihre Natürlichkeit komplett verloren haben.

11. Sie können außerdem davon ausgehen, dass ein Winzer immer den Wein aus seinem besten Fass und mit den besten Korken an die Kritiker schickt, während sich normale Konsumenten vielleicht mit etwas weniger Qualität zufriedengeben müssen.

12. Lagerfähigkeit ist auch nicht unbedingt ein Qualitätsmerkmal. Manche Weine müssen sogar 15 Jahre oder mehr liegen, weil sie erst ihre Tannine verdauen müssen. Tun sie das nicht, schmecken sie halt eher unangenehm.

13. Es würde mich nicht wundern, wenn Sie eine solche Erfahrung schon mal mit einem modernen Spanier gemacht hätten.

14. Wenn Sie die Form eines klassischen Champagnerglases und eines Tempranilloglases vergleichen, werden Sie feststellen, dass beide Gläser sich sehr ähneln.

15. Bei einer Weinprobe habe ich das tatsächlich mal gemacht. Die Gläser waren unmöglich. Dabei habe ich festgestellt, dass Kaffee und Rotwein eine erstaunlich gut funktionierende Kombination ergeben.

16. Ich habe nie Yoga gemacht, aber wenn es so gut ist, wie immer alle sagen, dann muss es sich so anfühlen wie das erste Glas Wein.

17. Für diese Aussage werde ich immer gescholten. Aber ich finde nun mal, dass man Kork in Magnumflaschen weniger schmeckt. Ob das mit der größeren Weinmenge in der Flasche zusammenhängt, weiß ich nicht. Aber es würde Sinn ergeben.

18. Ein Wort noch zum Thema Jahrgänge: Wenn mir ein besonders guter Jahrgang bei einem Wein untergekommen ist, steht er bei der Empfehlung dabei. In der Regel funktionieren aber auch andere Jahrgänge desselben Weines. Wo kein Jahrgang aufgeführt wird: Greifen Sie sich, was Sie kriegen können.